莫扎特：众神所爱

MOZART
AIMÉ DES DIEUX

［法］米歇尔·帕鲁蒂 著

霍一然 译

SPM
南方传媒 花城出版社

中国·广州

图书在版编目（CIP）数据

莫扎特 ：众神所爱 ／（法）米歇尔·帕鲁蒂著 ；霍
一然译. -- 广州 ：花城出版社，2025. 4. --（纸上博
物馆）. -- ISBN 978-7-5749-0416-3

Ⅰ. K835.215.76

中国国家版本馆CIP数据核字第20242FB719号

著作权合同登记号 图字：19-2024-319 号

For Mozart aimé des dieux :

First published by Editions Gallimard, Paris

© Editions Gallimard, collection Découvertes 1988

本书中文简体版专有版权由中华版权服务有限公司授权给北京创美时代国际文化
传播有限公司。

出 版 人：张　懿

项目统筹：刘玮婷　林园林

责任编辑：钟泽诚

特邀编辑：吴福顺　陈珮菱

责任校对：李道学

技术编辑：凌春梅　张　新

封面设计：刘晓昕

版式设计：万　雪

书　　　名	莫扎特：众神所爱
	MOZHATE: ZHONGSHEN SUO AI
出版发行	花城出版社
	（广州市环市东路水荫路11 号）
经　　　销	全国新华书店
印　　　刷	天津睿和印艺科技有限公司
	（天津市武清区大碱厂镇国泰道8号）
开　　　本	710 毫米×1000 毫米　16 开
印　　　张	15.25　　1插页
字　　　数	234,000 字
版　　　次	2025 年 4 月第 1 版　2025 年 4 月第 1 次印刷
定　　　价	98.00 元

如发现印装质量问题，请直接与印刷厂联系调换。

购书热线：020-37604658　37602954

花城出版社网站：http ://www.fcph.com.cn

洛特·雷妮格刻画的
莫扎特咏叹调代表作

洛特·雷妮格倾注于她对莫扎特的爱，用一把剪刀将一张黑纸精雕细刻，完成了她最伟大的作品之一。接下来展示的是《费加罗的婚礼》《唐·璜》《女人皆如此》《魔笛》中的著名咏叹调场景。

作曲：沃尔夫冈·阿玛多伊斯·莫扎特
编剧：达·彭特、希卡内德
布景和服装：洛特·雷妮格

La vendetta, oh la vendetta!   Non so più cosa so[r

Susanna, il ciel vi salvi   Voi che sapete che cos

Fermatevi...   sentite...   sortire ella non può

Che soave zeffiretto questa sera spirerà...

osa faccio... Susanna, tu mi sembri agitata e confusa

amor   Venite, inginocchiatevi: restate fermo lì

Vedrò mentre io sospiro, felice un servo mio!

Il biglietto...   Eccomi a' vostri piedi...

Ah… soccorso!… son tradito!   Ah! chi mi dice m

Là ci darem la mano, là mi dirai di sì…

Deh vieni alla finestra, o mio tesoro

Non mi dir, bell'idol mio, che son io crudel con te

barbaro dov'è...　　Madamina, il catalogo è questo...

Batti, batti, o bel Masetto, la tua povera Zerlina...

Mi tradì quell'alma ingrata...

Pentiti, cangia vita: è l'ultimo momento!

7

Ah, guarda, sorella, se bocca più bella...

Di pasta simile son tutti quanti...

Ah, che tutta in un momento si cangiò la sorte m

Un contratto nuziale! Ah signor, son rea di morte

Smanie implacabili che m'agitate...

Alla bella Despinetta vi presento, amici miei...

E nel tuo, nel mio bicchiero si sommerga...

Te lo credo, gioia bella, ma la prova far non vo'.

Zu Hilfe! Zu Hilfe! Sonst bin ich verloren...

He Sklaven! Legt ihr Fesseln an!

Alles fühlt der Liebe Freuden...   Ach,

Ein Mädchen oder Weibchen wünscht Papageno s

Ich kann nichts tun als dich beklagen...

Er ist's. Sie ist's! Ich glaub es kaum!

l's, es ist verschwunden, ewig hin der Liebe Glück!

Pa-Pa-Pa-Pa-Papageno! Pa-Pa-Pa-Pa-Papagena!

目 录
C o n t e n t s

第一章
活跃在欧洲王室的神童

1756 年 1 月 27 日，一场细密的小雪纷纷扬扬地落在萨尔茨堡。在位于粮食胡同 9 号的小楼里，利奥波德·莫扎特正像一只笼中困兽般来回踱步。从房间里传来令人窒息的脚步声和低语：他心爱的妻子安娜·玛丽亚正在分娩他们的第 7 个孩子……是个男孩。他的名字叫沃尔夫冈·莫扎特。

————

传奇经久不衰。在传奇的渲染下，每当人们提到莫扎特的名字，便会首先想到一个脸上扑着粉、迈着玩偶般步伐的柔弱孩童。这个爱笑的小男孩，睡前会站在椅子上，向爸爸口齿不清地唱一首曲子。

利奥波德只是一个普通人。他天赋平平，没有任何特别的优点，他的小提琴技巧和几首教堂奏鸣曲却展现了突出的教学水平，在沃尔夫冈①的音乐启蒙中留下了印记。至于沃尔夫冈的母亲……是一个性格开朗、性情平和、思想天真的人……她显得被动而肤浅，子女们对她的描述并不能帮助我们更好地定义她。

埃玛纽埃尔·布恩佐德

《莫扎特》，1930 年

---

① 即莫扎特。——译者注

莫扎特出生时，利奥波德已经 37 岁了。利奥波德来自奥格斯堡的一个装订工人家庭，选择以音乐为生：他起初担任图恩塔克西斯伯爵家的乐师，1743 年成为大主教冯·费冕管弦乐团的第四小提琴手，之后历任宫廷作曲家和唱诗班副乐长。他很高产，作品实用性强，结构鲜明，旋律欢快，但不足以让他功成名就。1756 年，也就是莫扎特出生那年，他出版了一本介绍小提琴演奏技巧的书，获得了他意想不到的持久名望。这本书之后长期被列为学习小提琴的参考书籍。在 40 年的职业生涯里，利奥波德·莫扎特始终恪守本分，也时常唾弃音乐教师们不知感恩的行为。

　　1747 年，利奥波德与公务员之女安娜·玛丽亚·珀尔结婚，尽管夫妻常常分居两地，还经历了数次子女离世的痛苦，他们的感情始终非常稳固。莫扎特是他们的第 7 个孩子，但由于当时新生儿出生后缺乏消毒手段，卫生条件很差，此前所生育的 6 名子女中仅有小名叫南妮儿（Nannerl）的玛丽亚·安娜存活了下来。弟弟莫扎特出生时，她 4 岁半。

　　作为音乐家之子和音乐家之孙（他们的外公也是位著名歌唱家和合唱团领唱），两位小莫扎特自幼便成长在音乐萦绕的环境里。作为导师，利奥波德并不像人们通常认

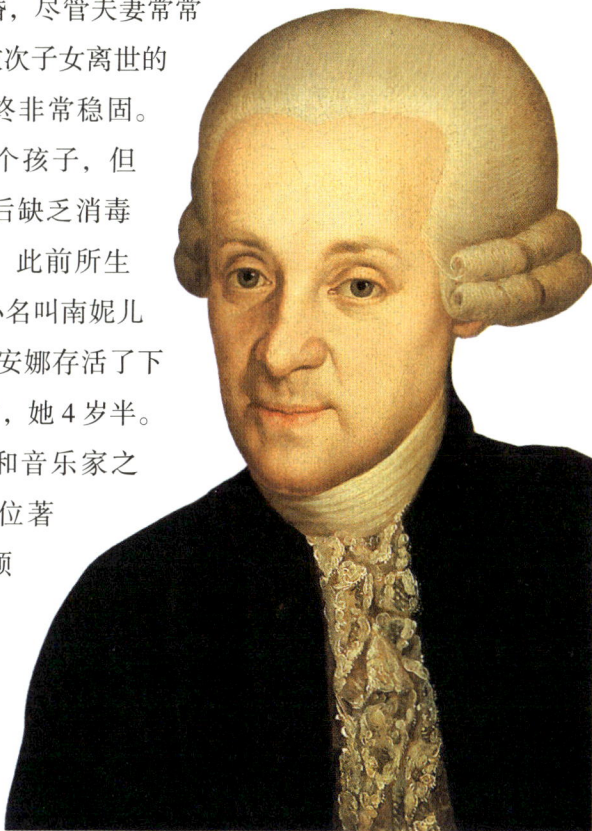

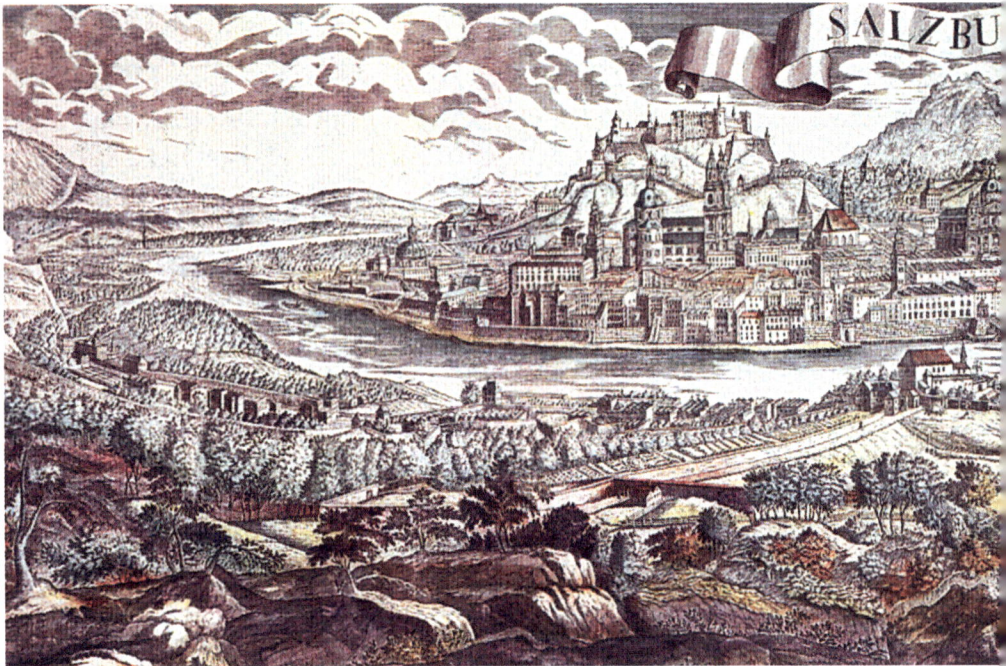

为的那样刻板，他有着良好的教养，非常关注子女的教育。他的课程很严肃，内容很丰富：他发现了莫扎特对算术的兴趣，认为数学能激发好奇心。南妮儿8岁开始弹钢琴，弟弟则在一旁聆听。

3岁的莫扎特开始弹奏姐姐的钢琴，"寻找彼此相爱的音符"

他的进步神速。1762年，刚满6岁的他骄傲地向父亲展示了自己的第一部作品。也就是说，他甚至还不会写字，就已经会作曲了！他的天

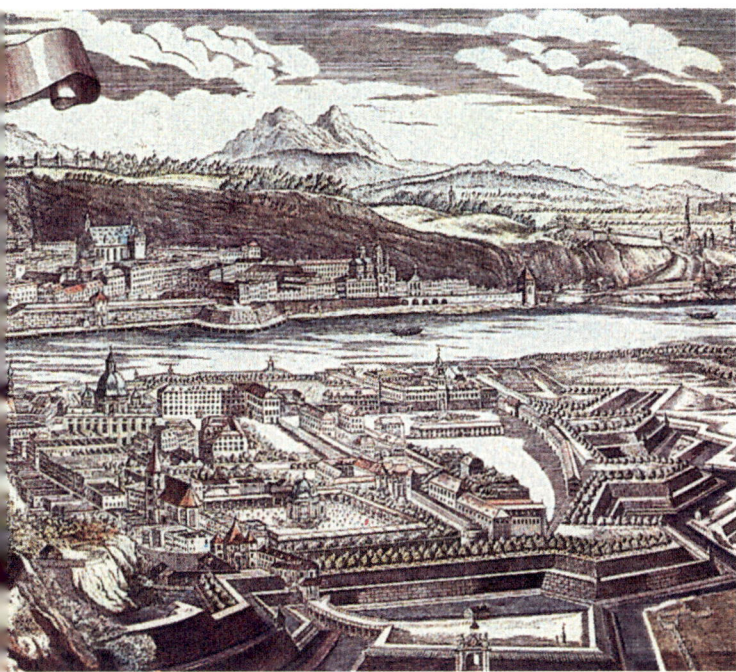

在莫扎特生活的年代，萨尔茨堡是一个有着大约一万人口的公国。

赋、好学和热情令人无法忽视，他的早慧更是引人注意。

宫廷小号手安德烈亚斯·沙赫特纳讲述了一个故事："有一天，莫扎特在创作乐曲。他的父亲问他：'你在写什么？'他回答：'一首钢琴协奏曲，第一部分就快写完了。'"利奥波德对此有些怀疑，检查着儿子在纸上的涂鸦……很显然，他真的在作曲。旋律已经在莫扎特的心里诞生。当他作曲时，没有任何事情能让他分心。

这样的天赋当然不能被埋没。为了让世人了解莫扎特的天赋，唯一的方式是四处巡回演出。

南妮儿同样是个颇具天赋的孩子，但弟弟莫扎特的巨大成功盖住了她的光芒。她33岁嫁给一名男爵，1829年去世，离世前已双目失明。

上图由彼得罗·安东尼奥·洛伦佐尼创作，莫扎特身着
玛丽亚·特蕾莎女皇赠予的服饰，这套衣服的原主人是
女皇的儿子。

上页图画中的利奥波德正在认真观看儿子作曲，一旁的访客可能是利奥波德的朋友沙赫特纳。他拥有一把音色柔和圆润的小提琴，令莫扎特倾倒，赞美它是"黄油小提琴"。

自 1762 年起，利奥波德带着一家人踏上旅途，野心勃勃的他希望"将奇迹展示给全世界"

一家人的第一站是慕尼黑，人们至今对这段经历一无所知。他们的第二个目的地是神圣罗马帝国的首都维也纳。

当时已经成为钢琴专家的南妮儿颇具天赋，而小莫扎特却更引人瞩目。这个小男孩在圣彼得教堂的弥撒期间，偷偷爬上管风琴台，让方济各会的修士们立刻沉醉在动人的音乐中。人们蜂拥而至欣赏他的演奏。就在几天之前，帕绍大主教热情接见了他。他的演奏还在林茨的一场音乐会上，迷倒了帕尔菲伯爵。

10 月 6 日，一家人抵达维也纳，此时的莫扎特已声名鹊起。他们一到那儿，就被人团团围住，人们热烈欢迎他的到来，向他表达喜爱之情，当地最显赫的家族纷纷邀请他前去演奏。抵达维也纳一周之后，女王的长子约瑟夫大公在母亲面前热烈谈论起莫扎特一家，女王邀请他在美泉宫开了一场演奏会。她让小莫扎特坐上自己的膝头，双臂环绕着他的脖子，不住地亲吻他。

6 岁那年，莫扎特已经拥有了一把小提琴，并掌握了小提琴演奏的基础知识。

托小家伙的福，我们在维也纳海关享受到了行李免检的礼遇……他很快就和海关工作人员混熟了，他展示了自己的钢琴，邀请对方来听演奏会，还用迷你小提琴演奏了一首小步舞曲。

利奥波德
1762 年 10 月 16 日

浮华的维也纳

在欢呼的人群中，有多少人像莫扎特一样，是为了碰运气来到维也纳的？一场王室婚礼伴随众多狂欢活动，君主也通过这种方式令百姓们臣服。维也纳是座充满欢庆氛围的城市，当地的节庆活动很多，每个人都追求融入了艺术的精致生活。莫扎特时常在欢乐的环境中感到孤独，但他必须在合适的时间出现在节庆现场，并尽可能地引人注目，因为他迫切希望得到官方认可。还有什么东西能比一份在首都的工作更有前景的呢？

音乐之都

1558 年至 1806 年，维也纳是神圣罗马帝国的首都。在玛丽亚·特蕾莎女皇统治时期，维也纳十分繁华，人口从 8.8 万增长到 17.5 万。奥地利首都维也纳自古以来便是座热情好客的城市，敞开怀抱欢迎外国人的到来。各艺术领域百花齐放，一直持续至 20 世纪。历史上第一个汇集了欧洲所有种族的王朝便是哈布斯堡王朝……在莫扎特的时代，维也纳已成为欧洲最耀眼的灯塔，其高度的国际化便是证明。18 世纪末，在帝国的支持下，多种艺术形式令人眼花缭乱，有着独特魅力的维也纳音乐更是迸发出最闪耀的火花。

我们在王后宫里从3点待到6点，国王亲自带我去听王子演奏小提琴。

利奥波德
1762 年 10 月 16 日

王室成员齐聚一堂，聆听两位小音乐家的演奏

女皇对这位无所畏惧的小男孩赞不绝口，他几乎可以完成一切技巧，包括在一张盖着桌布的键盘上盲奏！

一天，莫扎特在美泉宫摔倒，一位与他年纪相仿的女孩扶他起身。"你真好，"他感激地说道，"等我长大了，我要娶你。"这位小女孩便是未来的法国王后玛丽·安托瓦内特，我们永远无从知晓她是如何看待这样一场可爱的求婚的。

时光伴随着一场场音乐会、招待会和宴会飞速流逝。抵达维也纳两周后，莫扎特因病卧床不起，结束了这种令人疲惫不堪的工作日程。幸运的是，他很快恢复了健康——但是马上又要踏上旅途了。1763 年 1 月 5 日，他沿途顺访匈牙利普雷斯堡并大获成功，之后一家人回到了萨尔茨堡的家中。此趟巡回收获颇丰：女皇赏赐了莫扎特两套皇室服装，他

迅速地声名大噪，这让他获得了无与伦比的满足感。然而，喜悦稍纵即逝，在最初的热情之后，人们很快平静了下来。不久以后，维也纳善变的听众就把当时的盛况抛之脑后。

在启蒙运动的时代，音乐家只不过是仰仗主人善心生存的仆从

刚回到家里，莫扎特又病倒了。他利用养病的空闲，精进小提琴演奏技艺。1763 年，七年战

三十年战争导致了 18 世纪中叶德国四分五裂的局面。1648 年的《威斯特伐利亚和约》将那些并不"开明"的暴君的分裂和吞并活动合法化。

争结束。同一年，利奥波德被任命为宫廷副乐长，担任乐团首席，但在几个月之后，约瑟夫·海顿的弟弟米歇尔·海顿就接替了他的职位。那是因为，6月9日，他开启了一段为期3年的宏大巡回演出。利奥波德的信件如实呈现了这段旅程，成为18世纪音乐家生活的宝贵见证。当一名艺术家离开自己的象牙塔"为谋生而创作"，他的前景便毫无浪漫可言：作为一名乐师、歌手和作曲家，他失去了稳定的薪酬，没有了慷慨的王子可以依靠，需要更多的耐心——更别提他一路上收到的各种礼物（莫扎特收到了很多手表、烟草盒等）很难变现，不足以维持日常生活。

从王室到宫殿，男孩跟随父亲游历欧洲

莫扎特一家旅行的第一站原本是慕尼黑，但是他们的一个车轮坏在了瓦瑟堡，不得不稍作

从中世纪起，奥格斯堡通过纺织业发展起来，成为商贸和银行业的中心。

停留，从未学过踏板风琴的莫扎特，又
一次用琴技惊艳四座。之后他们终于
抵达慕尼黑。在马克西米利安三世的
宫殿演出后，他们得到了丰厚的奖
赏，也收获了很多赞誉。

　　然而，孩子们在奥格斯堡首
次面对大量观众的演出却不尽如
人意。路德维希堡的符腾堡公爵
卡尔·欧根甚至不愿屈尊去听孩子们
的演奏，他只醉心于他的乐长——意大
利音乐家尼古拉·约梅里的音乐。幸
运的是，慷慨的卡尔·特奥多尔选帝
侯让他们的心里得到了安慰，他们
受邀在施韦岑根宫为其表演；在选
帝侯的夏季寝宫，他们还听到了当时
最好的曼海姆管弦乐队的演奏。他们
又接连去往沃尔姆斯、马恩斯和法兰
克福，一位名叫约翰·沃尔夫冈·歌德的
年轻观众在法兰克福观看了演出，为南
妮儿和莫扎特拍手叫好。这名诗人后来回
忆，"那个小男孩戴着假发，佩着宝剑"。接
下来的几站是科布伦茨、波恩和科隆，之后在亚
琛，普鲁士国王腓特烈二世的妹妹艾米利公主毫
不吝啬地爱抚了莫扎特。他们又经过几个城市，
来到当时的荷兰首都布鲁塞尔，这里由弗朗索瓦
一世国王的兄弟夏尔·德·洛林统治，利奥波德
说"他一个子也没有"！ 1763 年 11 月 18 日，一

格里姆先生一个
人……为我们料理好
方方面面。

利奥波德
1764 年 4 月

家人抵达巴黎，萨尔茨堡宫廷侍从长冯·阿尔科公爵的女婿范·艾克公爵在博韦宫迎接了他们。

他们很快在法国首都遇到了贵人：弗雷德里希·梅尔基奥尔·冯·格里姆男爵

格里姆男爵是百科全书派学者们的好友，对意大利音乐非常狂热，已经在法国生活了15年。奥尔良公爵选他担任自己的秘书，他凭借作品《文学、哲学和评论通信集》享誉整个欧洲，这部全景式概述之作得到了法国学术界的高度赏识。1763年12月1日，他为来自萨尔茨堡的两位小音乐家写了篇文章，成为他们的极佳引荐者。莫扎特一家到来的消息不胫而走，喜欢新鲜的巴黎贵族的关注点都聚焦在他们身上。12月底，他们在凡尔赛宫受到热情款待，国王的太子妃和女

1764 年 1 月，莫扎特与蓬柏杜侯爵夫人。

儿们纷纷亲吻他们（除了蓬柏杜尔夫人，这令心思敏感的莫扎特非常不悦）。1764年1月1日，他们被邀请到"大穹顶候见厅"，为王室传统新年活动演奏。他们还结识了其他音乐家，这比社交活动的意义更为重大。

莫扎特在巴黎结识了德国音乐大师肖伯特，成为他的忠实朋友

或许正如利奥波德所说："（在巴黎）法国音乐与意大利音乐一直在较劲。"（1764年2月1日至3日信件）他认为大众的品位不如从前，同时指出了德国人在音乐界的重要地位：奥格斯堡钢琴家约翰·戈特弗里德·埃卡德及其同行、孔蒂王子的管弦乐队（大提琴手杜波尔和作曲家戈塞克是其中的著名成员）首席乐师约翰·肖伯特，还有霍诺尔、霍布如克、劳帕奇都是德国音乐家。德国浓厚的音乐氛围必将结出硕果，1767年，莫扎特将这几位大师创作的奏鸣曲改编成钢琴协奏曲。

　莫扎特：众神所爱

1766 年夏天，莫扎特第二次在巴黎逗留，米歇尔·巴泰勒米·奥利维尔绘制了这幅发生在孔蒂王子家中——圣殿宫的四冰沙龙的场景图。受邀来宾包括罗汉－沙博特伯爵。莫扎特时年 10 岁，小小的他坐在钢琴前。他身边是男高音歌唱家皮埃尔·杰里约特，是最擅长演唱拉莫作品的人之一，也是国王乐团的小提琴手和吉他手，正为莫扎特伴奏。

在一群群衣着华丽、聚在一起品尝茶饮的先生女士之中，小朋友沃尔夫冈是最不起眼的存在。旧式贵族欣赏音乐的方式跃然纸上，奥利维尔的画作很有批判意义。

布利吉特与让·马森
《莫扎特》，1990 年

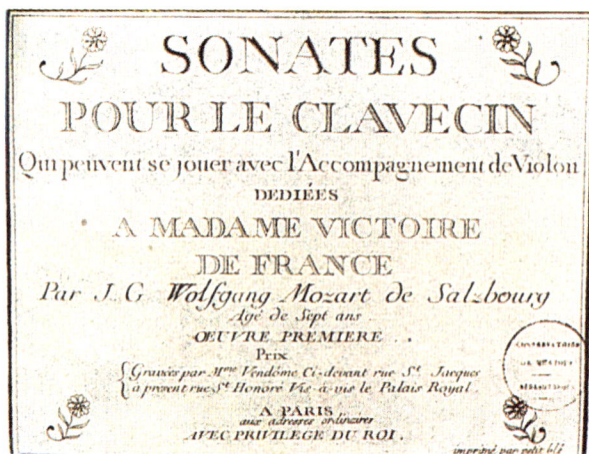

1763 年冬季到 1764 年，莫扎特的第一部大型作品诞生……而这出自一位年仅 8 岁的作曲家之手！肖伯特评价 KV 7《D 大调小提琴奏鸣曲》中的小调小步舞曲：这个孩子能够"用诗歌的方式诠释音乐艺术"（让 - 维克多·霍克加德）。

肖伯特的音乐对莫扎特 KV 6～KV 9 钢琴和小提琴奏鸣曲产生了重大影响，这几部作品均发表于巴黎，分别献给路易十五的女儿、维克多夫人、泰瑟伯爵夫人、伴太子妃贵妇。如果说埃卡德是演奏钢琴的高手，肖伯特则是一名真正意义上的音乐家，他富有创意，充满想象力。他的作品融合了德国、意大利和法国的音乐特色，只有像莫扎特这样拥有敏锐乐感的孩子，才能理解他的音乐。

在约翰·克里斯蒂安·巴赫（J.C. 巴赫）的指引下，莫扎特在伦敦的迷雾中邂逅了充满阳光的意大利音乐

　　尽管已经功成名就，但他们还是要离开巴黎。1764 年 4 月 10 日，父母和孩子们取道加莱，登上了开往多佛尔的船。4 月 23 日，他们正式踏入英国首都伦敦。

伦敦的一切发生得比巴黎更快，莫扎特一家抵达仅 4 天后，乔治三世国王和夏洛特王后就在圣詹姆斯公园接见了他们。凡尔赛宫的繁文缛节压得人透不过气，而英国王室的亲切随和则令人放松。5 月 19 日，莫扎特在白金汉宫举办了一场私人音乐会。莫扎特在那里翻阅了瓦根塞尔、阿贝尔、约翰·克里斯蒂安·巴赫（J.S. 巴赫）、亨德尔的作品。他伴着王后的歌声，面对热情的听众用小提琴即兴伴奏。

如果说，莫扎特在巴黎受到了德国音乐的熏陶，他在伦敦期间则主要受意大利音乐的影响。这得益于卡尔·弗里德里希·阿贝尔，以及出生于 1735 年，之后成为莫扎特挚友的约翰·塞巴斯蒂安巴赫的小儿子约翰·克里斯蒂安·巴赫。这一年，莫扎特在切尔西度过夏天，他在那里完成了自己的第一部交响乐。到了秋天，虽然他又一次到访宫廷，却已不复从前的盛况。但在音乐方面，这一季比夏天更为多产，他的作品已经有了浓厚的意大利风格。仅有 9 岁的莫扎特已经想要创作歌剧了。在见过两位著名的阉伶歌唱家——芒佐里和坦杜奇后，他更加坚定了创作歌剧的想法。

然而，旅途就要结束了。在利奥波德的描述中，这次启程十分艰难："仅仅是看一眼要整理的行李，我就全身冒冷汗！想想吧！我们已经在这里住了一整年，这几乎成我们的家了！"

1765 年 8 月 1 日，莫扎特一家在多佛尔登船，抵达加莱后，又接连去往敦刻尔克、里尔（莫扎特和利奥波德在那里又病倒了）、根特和海牙。

18 世纪末，击弦键琴是键盘乐器中的主流。作为一名高超的演奏者，莫扎特十分喜爱那个年代的乐器：1777 年，他被奥格斯堡的钢琴制造商约翰·安德烈亚斯·斯泰因征服，之后他从拨弦乐器转向击弦乐器。与羽管键琴不同，击弦键琴能生动演绎出从极弱到极强的渐变，触感十分丰富，尽管它的演奏技巧与如今的钢琴仍然存在很多差异。

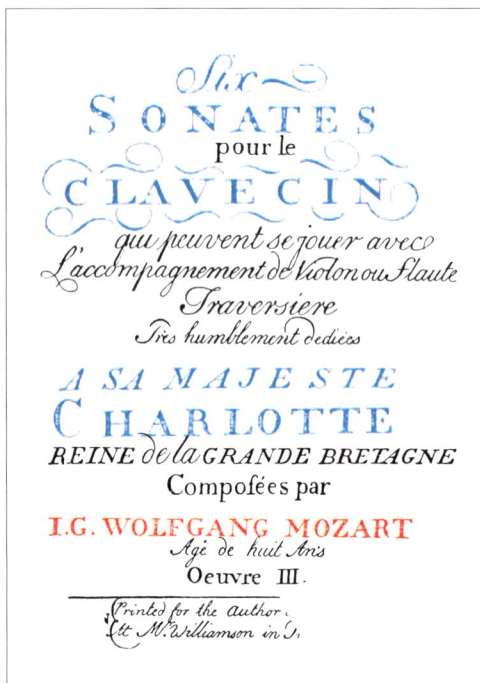

Six
SONATES
pour le
CLAVECIN
qui peuvent se jouer avec
L'accompagnement de Violon ou Flaute
Traversiere
Très humblement dediées
A SA MAJESTE
CHARLOTTE
REINE de la GRANDE BRETAGNE
Composées par
J.G. WOLFGANG MOZART
Agé de huit Ans
Oeuvre III.
Printed for the Author.
Et M. Williamson in S.

如今我面临一笔高昂的花费：沃
尔夫冈的 6 首奏鸣曲需要刻印，
他想把它们献给王后。

利奥波德，
1764 年 11 月 27 日

回程路上的站点太多：人们都期待莫扎特一家的到来，各地都追捧他们！

这一次是南妮儿先病倒的，之后莫扎特也病了。在此之前，莫扎特为奥兰治王子和他的姐姐尼尔堡公主进行了演奏。尽管疾病缠身，莫扎特仍然顽强地继续创作。刚恢复健康，孩子们就在阿姆斯特丹举办了两场音乐会，并参加了纪尧姆五世的就职庆典，之后前往下一站——巴黎。在两个月的逗留期间，格里姆男爵再一次成为他们的最佳宣传专员！巴黎、里昂、日内瓦、洛桑、伯尔尼、苏黎世……他们已经完全没有请求接待的必要了！只有一个小小的问题：他们离家的时间比预计更长。好在西格斯蒙·冯·施拉腾巴赫大主教是个通情达理的主人，他知道家仆们的名望能给萨尔茨堡添彩。1766 年 11 月 30 日，莫扎特和家人回到家中。这个已经身负传奇的小男孩，在他的首次欧洲宫廷巡回中，收获了远超他天资的音乐体验。

9 岁的莫扎特和 30 岁的年轻男子——约翰·克里斯蒂安·巴赫结下了意想不到的友谊。约翰·克里斯蒂安·巴赫熟知意大利文化，他向莫扎特展示了一种不同于德国音乐的更为轻松的音乐风格，充满旋律之美。

Mosart's Geburtshaus

第二章
从神童到作曲家

年仅 11 岁的莫扎特，已经有了辉煌的过往。沉重的名望压在他稚嫩的肩膀上……"神童"的光环渐渐褪去，如今的莫扎特向世人证明，他不再是被人拿来炫耀的"小怪物"，而是一位真正的音乐家。他将目光投向了歌剧之乡——意大利。

————

我要向世界展示这个奇迹，……因为如今的一切都与奇迹背道而驰。

利奥波德，1768 年 7 月 30 日

格奥尔格·弗里德里希·亨德尔（1685—1759）的足迹从汉堡到佛罗伦萨，又从那不勒斯到威尼斯，最后于 1712 年定居伦敦。他是意大利正歌剧和清唱剧的领军人物。

跨页图：维也纳弗瑞森格酒店前的街景。

大多数人的 11 岁都是个讨人嫌的年纪，但莫扎特和别的孩子不一样。他同样喜欢游戏、玩闹、被人哄着，但他对工作也有着很高的热情。在新的旅程开启之前，他把在萨尔茨堡度过的几个月全部用来提升自己。回到家不久，在利奥波德的要求下，他重新开始了工作。此前在伦敦居住期间，他主要受到意大利音乐的影响；此时他再次将注意力转向德国音乐。他孜孜不倦地研究卡尔·菲利普·埃马努埃尔·巴赫（C.P.E 巴赫）、著名的《名手之道》的作者富克斯、前任宫廷乐长埃柏林、哈塞、亨德尔等大师的作品。他做过的和弦与对位练习被利奥波德用笔记本记录了下来，如今作为珍贵文物保存在他家乡的莫扎特大学。

小莫扎特乐在其中：他将自己乐谱中的 3 个声部分别命名为阿尔托先生、特诺雷侯爵和芭索公爵。小莫扎特兢兢业业地工作。他一回到家乡，大主教就为他设置了考验，测试他是否配得上自己的名声。各种订单纷至沓来，不仅是宫廷，当地的大学和资产阶级都纷纷邀请这位小男孩作曲。在 1767 年 3 月 12 日首演的清唱剧《第一诫的职责》中，莫扎特创作了第一乐章，同他

合作的音乐家们都比他年长许多，包括管风琴家阿德加瑟和米歇尔·海顿。这位感情丰富的音乐家在这部宗教作品和之后为大学庆典创作的拉丁语歌剧《阿波罗与海辛特斯》中，通过程式化的音乐透露出一种不可言喻的温柔。

就这样过去了9个月。一家人即将再次踏上旅途。目的地是维也纳。

约翰·阿道夫·哈塞（1699—1783）在他所处的年代声名远扬，但在晚年就被世人彻底遗忘。他是意大利正歌剧大师，也曾是男高音歌唱家，他曾评价小莫扎特："这个孩子会让我们忘记一切。"

维也纳的贵族们相信我儿子有卓越的才华……他们普遍认为，12 岁的孩子能够创作并指导歌剧是一个奇迹，无论是当今还是过去，都没有见过这样的事情。……只是——我如何能想到呢！对我儿子的迫害正是由此开始的。

利奥波德，1768 年 9 月 21 日

"奇迹"的时代已经过去，一系列失望让他们的第二次维也纳之旅黯淡无光

　　玛丽亚·特蕾莎的女儿玛丽亚·约瑟法即将嫁给那不勒斯国王费迪南多。整个城市都在热烈庆祝，这给音乐家们创造了不少机遇。然而，命运的变化总是令人猝不及防：很快，一场天花夺走了新婚妻子的生命，伊丽莎白大公夫人也不幸去世。这座城市的氛围在弗朗索瓦一世去世、严肃的约瑟夫二世掌权之后发生了很大变化，利奥波德和家人匆忙逃离以躲避瘟疫。但还是太迟了：莫扎特在奥尔米茨病倒了，南妮儿也未能幸免。1768 年 1 月 10 日，孩子们一康复，一家人又返回了首都。他们将在此停留一年，但日子过得并不容易。因为姐弟俩已经长大了，他们分别有 17 岁和 12 岁了，早已过了神童的年纪。莫扎特是一名有抱负的作曲家，但还无法同约瑟夫·海顿以及克里斯托弗·威利巴尔德·格鲁克等同时代的大师相提并论。他已经尝到了嫉妒和竞争的滋味。

在皇帝的鼓励下，利奥波德开始要求儿子创作歌剧

这个建议恰好迎合了莫扎特最宝贵的心愿之一。一个名叫阿弗里吉奥"伯爵"的剧院经理提供了一份合约，但他们很快便失望了，因为这个剧院经理只是个投机者，他最后在丑闻缠身中结束了自己的生命。莫扎特在马克罗·科尔特里尼受戈尔多尼启发写的剧本基础上，创作了歌剧《虚伪的单身汉》，但由于受到阴谋集团的阻挠，这部作品没能在维也纳的舞台上收获荣誉。直到一年后，它才得以在萨尔茨堡大主教的一场节庆活动上演出。莫扎特第一次因失败而深感痛苦和失望，好在动物磁气说"之父"、富有的音乐爱好者弗朗兹·安东·麦斯麦医生请莫扎特为他的私人剧院创作了一场小型歌剧，这给他带来了些许安慰。1768年10月1日，风格温暖的田园爱情之作《巴斯蒂安和巴斯蒂安娜》问世，故事取材自让-雅克·卢梭的《乡村中的占卜师》。

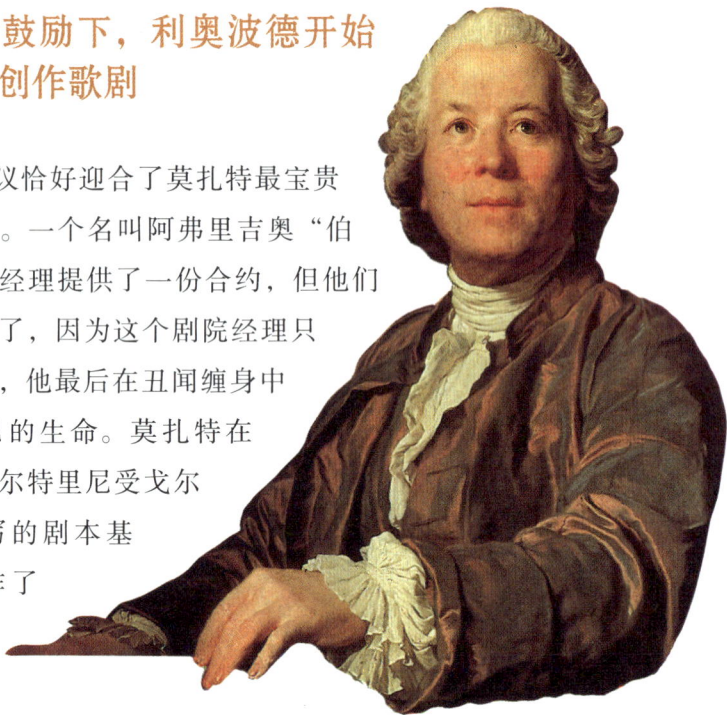

1768 年的克里斯托弗·威利巴尔德·格鲁克（1714—1787）正值创作巅峰期，他凭借 1762 年的《奥菲欧与尤莉迪茜》和 1767 年的《阿尔切斯特》获得了极高的声望。

求知欲旺盛的莫扎特如饥似渴地聆听意大利歌剧和德国交响乐

在维也纳逗留的最后几周，这个小男孩再次从工作中获得了满足感：他为一家受宫廷资助的孤儿院新礼拜堂祝圣，创作了他的第一首《弥撒曲》（KV 139）。利奥波德非常骄傲地在书信中向他人宣告这一巨大的成功："此前那些污蔑我们的人希望通过阻止歌剧的发表来毁坏我们的名声，这部作品让我们夺回了应得的尊重。"（1768 年 12 月 14 日信件）虽然这趟旅途带来的物质回报少得可怜，但音乐方面的收获却是丰厚的：在几个月的时间里，莫扎特听到了一系列意大利的歌剧作品，包括哈塞的《帕萨诺普》、皮钦尼的《好姑娘》和格鲁克的作品（莫扎特最喜欢的一部是《阿尔切斯特》）。他还从约瑟夫·海顿、霍夫曼、万哈尔、原名迪特斯的冯·迪特斯多夫的音乐中，感受到了颠覆德国交响乐的音乐发展趋势……在整个职业生涯里，他都试图从这两种音乐流派中找到平衡，去构建自己的音乐美学。

在萨尔茨堡，西格斯蒙·冯·施拉滕巴赫开始有些不耐烦，他停掉了利奥波德的薪水。但他仍然是一位仁慈的主人，热情迎接了回到故乡的一家人：他不仅任命年轻的莫扎特为宫廷乐长，还又一次批准了莫扎特和利奥波德的假期。他们两人都在维也纳收获了不少人的推荐，其中哈塞的推荐很有分量。

1769 年 12 月 11 日，父子俩动身前往意大利

这一次的旅程只有莫扎特和父亲二人，没有母亲和姐姐的陪伴。南妮儿 18 岁了，她的教学水平颇受赏识，通过授课获得了稳定的收入，因此留在家里。

莫扎特的心情很好，他的信件里充满了欢乐，文字天真热情，爱开

西格斯蒙·冯·施拉腾巴赫，1753—1771 年担任萨尔茨堡大主教。

玩笑。虽然在音乐上，他有一双灵巧的手，但在书信中，他笨拙的手掌印透露出孩童的天性。"最亲爱的妈妈，我的心中充满了欢愉，因为这趟旅途实在太有趣了。车里面很热，我们的车夫是个勇敢的伙计，只要路况允许，他就驾驶得很快。"（1769 年 12 月 12 日）毕竟他还不到 14 岁，旅程的第一阶段是在罗韦雷托和维罗纳，他受到了意大利人民的热情接待，他有理由开心。

莫扎特完全被意大利迷住了，甚至用拉丁文给自己取了个中间名。他的名字被改为沃尔夫冈·阿玛多伊斯，意为"上帝的宠儿"。他从出生起就拥有了西奥菲勒斯这个名字，阿玛多伊斯是它的意大利语形式，在德语中它变为戈特利布。

从一个城市到另一个城市，在意大利的每一步都大获成功

在曼托瓦皇家音乐学院举办的音乐会令观众热情高涨：至少14首乐曲构成了一场完整的演出，莫扎特表演了钢琴、小提琴、演唱、即兴演奏，让观众借此机会欣赏他的创作。

1770年1月23日，莫扎特来到米兰。萨尔茨堡人、伦巴第总督、前任大公的侄子卡尔·冯·菲尔米安公爵接待了他们。狂欢节期间，一场场音乐会和歌剧接连上演。皮钦尼即将完成创作的《恺撒大帝》，有望成为狂欢节的节目之一，莫扎特和父亲得到了参加排演的机会。他们生活在当时意大利音乐的中心城市，聆听了路易吉·波凯利尼的作品，结识了著名交响乐作家、格鲁克的导师吉安巴蒂斯塔·萨马丁尼。

利奥波德将所有希望都放在即将于2月23日举行的一场大型音乐会上。之后还将在招待他们的冯·菲尔米安公爵家里举办另一场音乐会，听众是"150名身份最尊贵的客人"。两场演出都取

我们的城市不得不宣布，13岁的德国孩子、萨尔茨堡大主教的乐长沃尔夫冈·阿玛多伊斯·莫扎特拥有令人钦佩的音乐才华……上周五，在高贵的爱乐学会大厅里，面对众多男女贵族，这个孩子展示了他的艺术造诣，着实令人惊讶。

《维罗纳报》
1770年1月9日

米兰斯卡拉歌剧院至今仍是当地的著名歌剧院，1778 年落成，距离 1717 年落成的公爵剧院大火刚过去两年。莫扎特的《彭特国王米特拉达梯》和《卢西奥·西拉》、哈塞的《鲁杰罗》均是在此创作的。在都灵，落成于 1740 年的规模宏大的皇家歌剧院与斯卡拉歌剧院、那不勒斯的圣卡洛剧院、威尼斯的凤凰剧院并列为意大利最负盛名的歌剧殿堂。

得了巨大的成功。更好的是，小男孩终于接到了歌剧的订单，计划于同年底上演。与在维也纳创作的歌剧不同，这次他要创作一部正歌剧，需要遵守相关的形式规则：用咏叹调表达人物的情感，用宣叙调推进情节发展，两者枯燥地交替进行。很显然，米兰厚待了莫扎特，给予他丰厚的回报。

　　从米兰到帕尔马的路途很近。在帕尔马公国逗留期间，最令他们印象深刻的是著名女高音卢克雷齐娅·阿古嘉莉，她以高超的演唱技巧和

高亢的音域闻名，莫扎特对她的音色十分着迷。在接下来的一站——博洛尼亚，莫扎特唯一的愿望是见到吉安巴蒂斯塔·马尔提尼。

马尔提尼神父（1706—1784）在全世界享有盛誉，被誉为音乐学的先驱。

从意大利音乐中，莫扎特了解到了当下最流行的歌剧。马尔提尼神父将向他介绍过去大师们的作品

时年 64 岁的马尔提尼神父不仅在作曲和数学方面才华卓著，也是音乐理论的权威人物，他曾是莫扎特在伦敦的好友——约翰·克里斯蒂安·巴赫的导师。他深居简出，在圣弗朗索瓦的神父住宅为年轻的作曲家学生上了两次课，对莫扎特进行了严格的对位训练。这位向来温

顺的学生服从了导师的指令，并向这位可敬的神父证明，尽管自己很年轻，却已熟练掌握了赋格的技巧。

4个月后，父子俩返回博洛尼亚，再次见到马尔提尼神父，在此之前他们去了一趟佛罗伦萨。当时的托斯卡纳大公是玛丽亚·特蕾莎的另一个儿子——也叫利奥波德，又给他们带来一些大显身手的机会。他们还见到了几位旧相识：小提琴家纳尔迪尼和阉伶歌唱家芒佐里。最特别的收获是，莫扎特结识了一位同龄的伙伴——英国小提琴家托马斯·林德利，当离开佛罗伦萨前往罗马时，他依依不舍地与其告别。他们抵达永恒之城罗马时正值圣周。父亲带他参加了很多祭礼活动，倒不是单纯出于虔诚，而是因为这是能见到重要人物的最佳场合。

莫扎特在罗马听过阿列格利的名作《上帝怜悯我》后，展现出非凡的记忆力和对音乐的成熟把控

《上帝怜悯我》专属于庄严的西斯廷教堂，抄写其乐谱是被明令禁止的行为。很多人尝试过默谱，但都没有成功。而莫扎特完成了这一壮举：仅听过两次后，他就用藏在帽子里的一张纸记下整首曲子的9个声部，从那时起，这首曲子开始在世界各地演奏。

在罗马的一个月很快过去了。教皇之城让莫扎特父子十分欢喜，那不勒斯却更多地让他们感觉狼狈，而不是惊喜。在物质层面上，他们在费尔迪南和玛丽-卡罗琳那里一无所获，只能用旅游观光来宽慰自己。而回到罗马，有一个惊喜在等待他们：教皇克雷芒十四世赐给少年一枚金马刺骑士十字勋章——

但他似乎并不看重这份荣誉，因为他之后极少佩戴这枚勋章。他们在博洛尼亚度过了一部分夏季的时光。从那不勒斯回来后，利奥波德疗治腿伤，莫扎特同年轻的帕拉维奇尼公爵消遣度日，他还经常去拜访马尔提尼神父，对方时常给出新的赋格主题，并孜孜不倦地修改他做的练习。正是在导师的推荐下，莫扎特在经过严格考察后，于1770年10月9日被任命为著名的博洛尼亚爱乐学会成员。这非比寻常，因为

如果姐姐也来罗马就好了，她一定会很喜欢这座城市。圣彼得大教堂有一种符合规则的美感，这座城市的很多其他东西也都有着规则的线条。

沃尔夫冈
1770年4月14日

莫扎特在奎里纳勒宫接受了克雷芒十四世教皇（1705—1774）赐予的金马刺骑士十字勋章，此前格鲁克也获得过这项殊荣。

明天，有一个惊喜等着我们：教皇命红衣主教帕拉维奇尼授予沃尔夫冈十字勋章和证书。

利奥波德
1770年7月4日

CAV. AMADEO WOLFGANGO MOZART ACCAD. FILARMON: DI BOLOG.
E DI VERONA

他还没达到 20 岁的年龄门槛。

如果说在博洛尼亚的莫扎特还是一名勤奋的学生，在罗马他已成为一位广受赞誉的作曲家。这趟旅途开始以来，他的产量并不高，仅有几首写给阉伶好友的咏叹调和他的第一首弦乐四重奏（KV 80），因为他需要构思米兰委托创作的歌剧。9 月他正式开始创作，首先写好了宣叙调；之后他再根据演唱者的特点创作咏叹调。"感谢上帝！《彭特国王米特拉达梯》于 26 日成功首演……从

佩戴金马刺骑士十字勋章的莫扎特。这幅肖像于 1777 年绘制于萨尔茨堡，画中还提及了他博洛尼亚和维罗纳爱乐学会会员的身份，这是一幅与现实不相符的官方肖像画（他仅佩戴过一次这枚勋章）。

奥地利女皇（1740—1780年在位）、波希米亚和匈牙利女王玛丽亚·特蕾莎是位开明的君主和爱好艺术的政治家。她是奥地利最得民心的君主之一。

第一晚的演出开始，观众就要求女主角再唱一遍咏叹调，而此前人们从未在首演中叫过安可……"（利奥波德，1770 年 12 月 29 日）。

莫扎特带着轻松的心情离开了米兰：他已被委托为帕多瓦创作另一部歌剧和一部清唱剧——该剧名为《解放了的贝图利亚》，这是他唯一一次涉足该体裁。玛丽亚·特蕾莎请他为儿子费尔迪南大公和摩德纳的玛丽–碧翠丝1771 年在米兰的婚礼创作一首小夜曲。3 月 28 日，回到萨尔茨堡的莫扎特感到非常满足：接下来的日程排得很满，他知道自己将很快重返心爱的意大利。

在此期间，他回到宫廷担任乐长。繁忙的日子总是过得很快，他有生以来第一次坠入爱河。他创作了几首宗教乐曲和 4 部交响乐，8 月 13 日，又到了离开的时候，这次他们仅离乡 4 个月。这将是无比充实的 4 个月。

米兰的婚礼庆典从 10 月 15 日开始。16 日，哈塞的歌剧《鲁杰罗》出人意料地失败了。次日，莫扎特的作品在重压下进行首演。没有什么好担心的：《阿斯卡尼奥在阿尔巴》大获全胜，两天后进行了复演。

大人物的心思总是阴晴不定，莫扎特将经历一段残酷的日子

利奥波德希望利用目前的局面，为他的孩子在米兰谋得一个稳定的职位，但费尔迪南大公始终没有对他的请求做出回应。玛丽亚·特蕾莎则直接无视了他的愿望，不知道是想起了这位过于进取的父亲在《虚伪的单身汉》时期对阿弗里吉奥的连续指控，还是受到了她的前任乐长哈塞的歌剧失败的影响。具体原因谁又能知道呢？1771 年 12 月 12 日，她在给儿子的信件中毫不含糊地写道："你要求我雇用一位年轻的萨尔茨堡人。我不明白，你为何会需要一个作曲家或一群无用的人……这帮人带着一大家子，像乞丐般满世界游荡，会贬低你的水准。"

他们的希望就此落空。虽然《阿斯卡尼奥在阿尔巴》取得了成功，但莫扎特父子还是离开了米兰，没有再接到新的订单。

他们刚抵达萨尔茨堡，意想不到的状况就改变了他们的生活：1771 年 12 月 16 日，西格斯蒙·冯·施拉腾巴赫离世

直到 1772 年 3 月 14 日，科洛雷多公爵希罗尼姆斯·约瑟夫·弗朗兹·冯·保罗才在哈布斯堡家族的支持下，当选为哈布斯堡王室的继任者。科洛雷多是启蒙运动时期的典型人物，他机智、精明、严谨、节俭，是约瑟夫二世的坚定支持者，他上任初期并不被臣民们接受。为萨尔茨堡的独立性而骄傲的臣民们，担心科洛雷多与皇室来往过密。尽管他推行的行政和文化改革非常合乎时情，却难以得到臣民们的理解。

与他的前任不同，科洛雷多更喜欢意大利音乐。虽然他拒绝了利奥波德担任乐长职位的请求，更倾向于聘请多梅尼科·菲希耶蒂，但他很欣赏莫扎特最近的几部作品（宗教乐曲及教堂奏鸣曲），并请莫扎特为他 4 月 29 日的就职典礼创作一部戏剧作品。该剧在梅塔斯塔塞的剧本基础上创作，名为《西庇欧之梦》。

10 月，音乐家们需要前往米兰排演《卢西奥·西拉》，他爽快地准了假。但莫扎特一家并不

下页图为华托的《大提琴手》。18 世纪以来，弦乐的音色发生了很大变化。钢弦取代肠弦后，音色变得更加明亮，但音色的丰富程度可能不及从前。

信任他，他们在信件中提到他时，使用了加密的暗语。

　　这一次莫扎特非常努力。夏天是个高产的季节，他在 5 月至 8 月间创作了 6 部交响乐！但那场短暂的危机还是影响了他，《卢西奥·西拉》中的咏叹调透露出忧郁的情绪。12 月 26 日，歌剧迎来首演。"很成功，"利奥波德写道，"但没有了过去的狂喜。"他们与托斯卡纳大公接洽，希望获得一份职业，却没能如愿。莫扎特又回到了萨尔茨堡，他对意大利已经不抱希望了。

第三章
音乐家与家仆

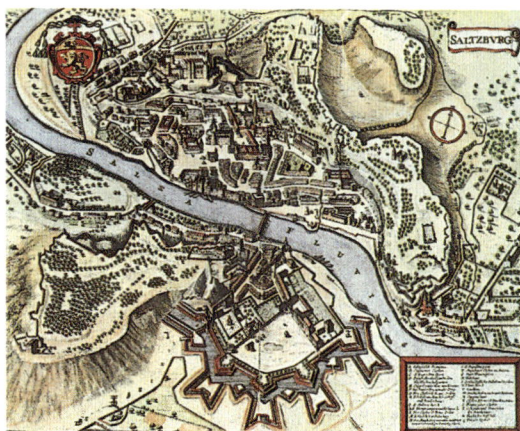

与米兰告别的莫扎特感到一丝苦涩：变化无常的意大利昨日还在追捧他，却没有做出任何要留住他的举动。莫扎特被困在了萨尔茨堡。虽然其间短暂逃到维也纳令他兴奋，却不足以驱散故乡的灰暗。他在萨尔茨堡艰难地学着适应宫廷乐师的生活。

———

1773 年，萨尔茨堡向莫扎特展现出了另一面：这里不再是衔接两段旅途的中转站，而是一座逼仄的小城，一座监狱般的围城。

18世纪中叶，萨尔茨堡是一个独立的教会公国，毗邻因河的支流萨尔茨巴赫河。1756年爆发的七年战争并未影响这座城市的日常生活。尽管在今天当人们提到"萨尔茨堡"时，首先会想到"奥地利"（奥地利帝国建于1805年，而萨尔茨堡直到1816年才被并入该国），忠于巴伐利亚的莫扎特却始终认为自己是德国人。

　　1773年3月13日，莫扎特和父亲回到家乡。有关这趟旅途的回程和在意大利最后几周的时光，人们知之甚少。但很容易想象旅人的心情，他们一定为失败的结果感到悲伤——利奥波德没能为儿子谋得他所期望的稳定职位，那个职位比他本人在大主教宫廷担任的职位显赫得多。毕竟他创造了一个天才，从孩子很小的时候起，他就不厌其烦地进行展示，他拥有这样的野心完全合情合理。

曾经的神童已经 17 岁了，他很快就在家乡狭窄的城墙间感到窒息

在他最近一次的意大利之旅中，他已经没有什么乐观的情绪了。但在那几个月间，他并未停止作曲。除了《卢西奥·西拉》，他还创作了 6 部弦乐四重奏（KV 155 ~ KV 160），曲风深受意大利音乐家的影响，充满了怀旧感。音乐透露了他的担忧，他选择用小调创作缓慢的旋律，传递悲伤的情感。但在同一时期，他为阉伶劳齐尼创作的经文歌《喜悦欢腾》的旋律非常欢快，足以证明他对声乐的热爱和迷恋，这至今仍是他最广为流传的作品之一。

而现在，整个童年和青春期都奔波在路上的、自由的，或者说自认为是自由的旅人莫扎特，被关在一个不怎么熟悉的城市里，被职责束缚住了。因为科洛雷多任命他为乐长，并开出了 150 弗罗林的薪水，作曲和演奏就成为他的职责。其他人可能会满足于这个枷锁，因为它意味着安稳，但莫扎特不是这样的人，他不想沉浸在过去的回忆中，在一座局促的城市里过着平淡无奇的生活，不再期待音乐带来的满足感。不为迷信潮流的听众所理解的同行米歇尔·海顿，不就是他眼前活生生的例子吗？他怎么可能毫不犹豫地屈服于那些可能违背他的意愿、背离他内心深处的音乐的职位要求？在《卢西奥·西拉》之后，他还没有向米兰的听众贡献任何他们所期待的正歌剧。

"我的弟弟曾是个很漂亮的孩子。但天花毁了他的脸，更糟的是，他从意大利回来时，带回了意大利人的黄色皮肤。"（南妮儿·莫扎特）

这幅由约翰·尼波默克·德拉·克罗齐绘制于1780年的萨尔茨堡的水粉画，又一次令人们对莫扎特肖像画的真实性存疑。

担任维也纳的宫廷乐长，是个离开萨尔茨堡的好机会！

接下来的几周，莫扎特完成了几个意大利的订单，创作了一些管乐嬉游曲和管弦乐序曲。利奥波德始终没有放弃替儿子谋职。他一听说维也纳宫廷乐长弗洛里安·加斯曼病重的消息，就马上进入"战备"状态，准备出发。

为何不借此短暂的空当指导一部戏剧呢？这对于迷恋歌剧的音乐家而言是一个很好的选择。7月，大主教需要接受治疗，批准了他们的假期，父子俩动身前往帝国首都。但说实话，这次旅行离成功还差得很远。玛丽

我看过那个 7 岁的孩子的音乐会巡演。我当时大约 14 岁，我仍然清楚记得那个小男孩，戴着假发，佩着宝剑。

歌德
《歌德谈话录》，1830 年 2 月 3 日

亚·特蕾莎观看了一次他们的演出——"女皇殿下对我们非常友好，仅此而已"（利奥波德，1773 年 8 月 12 日）。这纯粹意味着，她没有留给莫扎特任何幻想。她写给费尔迪南大公的信和她提到"无用的人"的口吻，已经很清楚地阐明了意见！

对莫扎特而言，维也纳的氛围无疑是适宜的，他从中汲取了新的灵感

尽管面临财务困境，莫扎特却一点也不为此担心。他寻回了维也纳的旧友，其中包括麦斯麦和宫廷医师劳吉尔。在这个季节，城市中的活动不多，面对文学领域的狂飙突进运动，他并没有因此丢掉自己的一丁点音乐特质，也没有改变丰富的情感。克洛卜施托克、莱辛、歌德的文学作品对加斯曼、约瑟夫·海顿、格鲁克的创作产生了影响，使他们的音乐染上了强烈的悲情色彩。春季是交响乐的高产季，莫扎特又在夏末接连创作了 6 部弦乐四重奏（KV 168 ~ KV 173）。为了回应他井喷式的创作，海顿创作了著名的《太阳四重奏》系列，莫扎特也听了这些作

作为一个诚实的人，我以个人和家族名义，在上帝面前宣布，您的儿子是我所知的最伟大的作曲家。他很有品位，创造了最伟大的作曲科学。

约瑟夫·海顿写给利奥波德·莫扎特的信

品。很显然，这一时期莫扎特的音乐美学正处于一个决定性的转折点，开始背离意大利的欢愉风格。8 月在维也纳为一位萨尔茨堡贵族之子的婚礼创作的小夜曲《安德雷特》已经在某种程度上透露出灵感的转变。然而，直到 1773 年 9 月返回萨尔茨堡之后，莫扎特才在创作上迈出了决定性的一步。

1773年是莫扎特的高产年份，他的才华得到施展

这一年的最后几个月，莫扎特展现出极大的创作热情。首先是来自维也纳的订单，他为托比亚斯·菲利普·冯·格布勒创作的合唱英雄剧《埃及国王塔莫斯》作曲。这部剧讲述了善良与邪恶、黑暗与光明之间的斗争，比《魔笛》早18年。之后他又创作了《C大调第28号交响曲》和《G小调第25号交响曲》，我们已经可以感觉到风格转变的明显预兆。在第25号交响曲中，他用G小调书写紧张不安的旋律，悲壮的气息令人震撼。第28号交响曲中的紧迫感也让人惊讶。1774年的《A大调第29号交响曲》同样透露出改变的意图，它完全不同于意大利的三段式序曲交响曲，这对于一位年仅18岁的音乐家来说是意想不到的。

在他职业生涯的这一阶段，莫扎特成功完成了创作路径的转变，也书写了一个音乐流派的历史。

他希望摆脱柔美典雅的风格，并将用第一部真正原创的钢琴和管弦乐协奏曲来印证自己的独创性（此前4部是从劳帕奇、肖伯特、卡尔·菲利普·埃马努埃尔·巴赫等人的作品改编而来的）。这部作品便是KV 175《D大调第5号钢琴协奏曲》，这始终是他最爱的作品之一，1782年他还在维也纳演奏该作，但对最终乐章进行了改动。他自傲的气质和嘻嘻哈哈的个性非常符合一个充满活力的年轻人形象。他对旋律进行精妙的处理，让管弦乐真正变成了钢琴的合作伙伴，而不仅仅是作为伴奏存在，展现出他作为一个作曲家高超的掌控力。

协奏曲是由一群乐手（主奏部）和管弦乐队（协奏部）共同演奏的，这种形式在18世纪上半叶盛极一时。之后交响乐接过了流行的风潮，但并没有影响协奏曲的发展，对于独奏演奏家而言，协奏曲是他们表现技艺的理想场合。莫扎特受到多种艺术形式的影响，产生了源源不断的戏剧想象和灵感。

那天我忘了告诉您，我的《G大
调第17号交响曲》在音乐会上大
获成功。我们将木制乐器的数量
翻了一倍，总共有40把小提琴、
10把中提琴、10把低音提琴、8
把大提琴和6个大管。

莫扎特

1781年4月11日

创作的井喷期过去，莫扎特再度成为恪尽职守的宫廷乐师

　　为宗教仪式和重要场合创作乐曲是他的职责之一，对此他并未感到不悦，但也没有太多热情。他再次成为一名听从主人指令的家仆，按照上级的指示提供作品。但毫无疑问，这种处境无法令他独立的灵魂得到满足，从他的作品中可以看出这一点。在 1774 年 5 月 5 日诞生的 KV 202《D 大调第 30 号交响曲》中，他似乎又一次屈从于时下正流行的欢愉曲风。既然科洛雷多喜爱这种风格，萨尔茨堡的民众也希望他创作这类乐曲，他又如何能避开呢？约瑟夫·海顿显然也迎合了这一潮流。利奥波德对儿子最近的交响乐作品颇有感触，但并不是莫扎特所期待的那种。1778 年 9 月 24 日，他在信中写道："那些不符合你名誉的作品，最好不要让别人听到。因此，我没有向其他人分享你的那些交响乐。要知道，随着你年龄的增长和领悟力的提高，你将会庆幸没让别人听过这些作品，即使你在创作它们的时候曾感到满足。"我们由此看出，莫扎特与父亲之间的鸿沟已越来越大，父亲不仅操心他的生活习惯，也影响着他的音乐。

　　KV 191《降 B 大调大管协奏曲》和 KV 203《D 大调第 4 号小夜曲》显露出欢愉的品位和细腻的优雅，莫扎特还自娱自乐地首次创作了 6 首钢琴奏鸣曲（KV 279 ~ KV 284）。

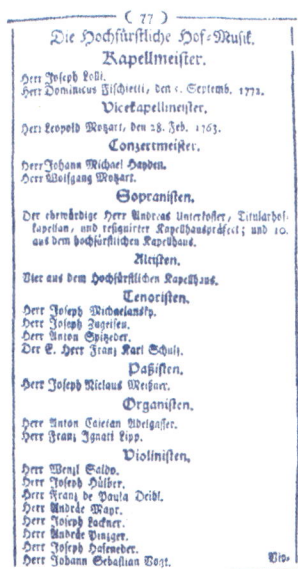

在这份 1775 年萨尔茨堡宫廷唱诗班的乐师名单上，莫扎特父子和米歇尔·海顿（1737—1806）位列其中。

小沃尔夫冈没有时间创作，因为他完全无内容可写。他像条捉跳蚤的狗，在房间里来回转圈。

莫扎特写给姐姐的信
1773 年 9 月 8 日

来自慕尼黑宫廷的一份新订单打破了他单调的生活

巴伐利亚选帝侯马克西米利安三世希望在下一个狂欢节上演出一部喜歌剧。罗马的艾弗西在拉涅利·达·卡尔札比吉的剧本基础上创作的乐曲已经取得了成功。这名剧作家还曾与格鲁克合作创作了《奥菲欧》和《阿尔切斯特》。在当时，不同作曲家采用相同的剧本并不会引发不快。

在寒冬凛冽的 1774 年 12 月，莫扎特再次在父亲的陪伴下来到慕尼黑。不久之后，南妮儿来与他们会合。他们受到了热情的接待，莫扎特的工作进展顺利，虽然牙齿的长期发炎令他痛苦不堪，他还是感觉轻松自在。他在信件中大量使用文字游戏、双关语，对拉丁语进行幽默的引用，可以看出心情很不错。

喜歌剧原定于 12 月 29 日进行首演，但直到 20 日才勉强开始排练。

1775 年 1 月 13 日，《假扮园丁的姑娘》的成功带来了新的希望

何不为下一季的狂欢节创作一部正歌剧呢？对于作曲家而言，创作正歌剧能带来更多的荣耀。这个萨尔茨堡的年轻人大获成功，令本该成为狂欢节亮点的安东尼奥·托奇的《奥菲欧》完全被人抛在脑后！"感谢上帝！我的歌剧于昨天 13 日上演，非常成功，我都不知该如何向妈妈描绘那狂热的景象……我们近期应该不会回家，……妈妈你知道，能出来透透气真是太好了。我们会尽早回去的。"（莫扎特，1775 年 1 月14 日）

1 月的这段时间，科洛雷多路过慕尼黑，听到了人们对他的乐长的赞美，但并没有太当回事。实际上的赞美肯定比利奥波德想象中的更平淡，而谈到这位前神童的未来时，最有洞见的人总会有自己的看法。

昨天，我去看了喜剧《时尚清洁工》。演得太好了……我是你在慕尼黑的弟弟，1774 年 12 月 30 日。

莫扎特写给姐姐的信

沃尔夫冈的歌剧在（慕尼黑）排演期间非常受欢迎，因此他将排演时间推迟到 1 月 5 日，让歌唱者更好地领会唱段……简而言之，他的音乐令人震撼而欢喜……现在，成功取决于最后的剧场表演，但应该会很顺利，至少我们预计会如此，因为参与者们都对我们没有敌意。

利奥波德
1774 年 12 月 28 日

"我听过了令人敬佩的天才莫扎特的一部喜歌剧……若莫扎特不再是一株温室里的植物，他将成为有史以来最伟大的作曲家之一。"克里斯蒂安·弗里德里希·丹尼尔·舒巴特写道。此外，莫扎特在慕尼黑感受到了轻松的生活，因为至少他没有被当成仆人对待；音乐和表演总管西奥伯爵对他十分恭敬。

因此毫无意外地，他延长了自己在慕尼黑的逗留时间，《假扮园丁的姑娘》一再重演，他的两首《弥撒曲》也在宫廷的唱诗班演奏。选帝侯希望听他创作的对位经文歌，不知道是不是为了检测这位年轻人的才华和能耐。莫扎特因此用几天时间创作了《D 大调奉献经》。

慕尼黑和米兰一样，对莫扎特进行了盛大的欢迎……也和米兰一样，让他两手空空地离开

他没有得到一旦职位空缺便请他补位的承诺，也没有获得任何正式订单，就这样离开了慕尼黑。仅有一位富有的乐迷——塔德斯·冯·达尼茨男爵请他创作了几支钢琴奏鸣曲和几首大管乐曲。莫扎特和冯·贝克上尉按照当时的惯例进行了一场友好的斗琴，所有在场者一致同意贝克的演奏技艺更为精湛，而莫扎特的视奏能力更强。1775 年 3 月 7 日，一家人再次回到萨尔茨堡。若有人告诉他，这次他会在萨尔茨堡待 30 个月，他一定会非常惊讶和失望！

起初，一切都还不错。玛丽亚·特蕾莎的第 4 个儿子马克西米利安·弗朗兹大公刚与他的妹妹玛丽·安托瓦内特在凡尔赛宫共同生活了一段时间，他回程时路过萨尔茨堡，大主教请乐长在梅塔斯塔塞的剧本基础上，创作一部名为《牧羊王》的戏剧。然而，王子莅临带来的激动情绪散去后，他又得再次忍受枯燥的日常。莫扎特的工作职责要求他必须演奏小提琴，科洛雷多也不时提醒他。1775 年 4 月至 12 月间，他连续创作了 5 首协奏曲，其中 KV 216《G 大调第 3 号小提琴协奏曲》和

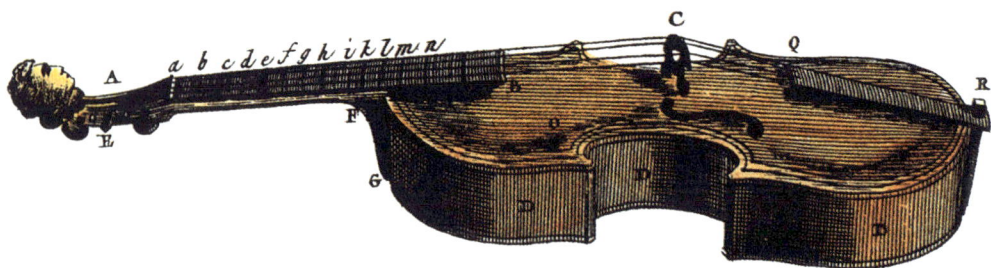

KV 219《A 大调第 5
号小提琴协奏曲》显
示出，作曲家已经适应
了欢愉曲风的要求，能在满足
有关限制条件的同时保持自
己的独创性。它们充分体现了
莫扎特作为小提琴家的卓越天赋，也展现出当时
正在逐步形成的一个音乐流派的面貌。

**1776 年，莫扎特庆祝了自己的
20 岁生日。他对萨尔茨堡的
生活已无任何期待**

科洛雷多关闭了王侯剧
场：这对于始终梦想创作歌
剧的他而言，是一个沉重的打击！生
活又一次被作品填满，这位作曲家创
作了众多弥撒曲、嬉游曲，也为那些
提供资助的本地贵族创作了一些仪
式曲目。其中包括由两个小型管弦
乐队演奏的二重奏《第 6 号月下小
夜曲》、为洛德隆伯爵夫人及其两个

小提琴是非常精妙的
乐器，也是最适合搭
配演唱的乐器。莫扎
特在创作每一首小提
琴乐曲时，都会考虑
其与人声的配合，充
分利用它无与伦比的
情感表达力。

女儿创作的 KV 242《F 大调第 7 号三钢琴协奏曲》、为学生冯·吕佐弗伯爵夫人创作的 KV 246《C 大调第 8 号钢琴协奏曲》，每部作品都带有鲜明的个人特色，从最初的几个小节就能分辨出自哪位作曲家之手。最为著名的是为市长女儿伊丽莎白·哈夫纳的婚礼创作的 KV 250《D 大调第 7 号小夜曲"哈夫纳"》。

出人意料的是，年底的莫扎特专注于创作教堂乐曲，似乎已经偏离了过去的道路，他对自己也产生了怀疑。莫扎特向马尔提尼神父寄送了自己在慕尼黑创作的经文歌，借此机会向他吐露心声，并希望得到他的意见。"亲爱的、尊

除了 KV 190《C 大调双小提琴协奏曲》，莫扎特到目前为止仅创作了几首"协奏插曲"，穿插在小夜曲和嬉游曲中。1775 年，他终于创作了小提琴的独奏曲目。

贵的导师，我热切期待您能坦率且毫无保留地告诉我您的意见。……我目前生活在一个做音乐不怎么能赚钱的地方……剧院里没有歌手，情况很糟。……就我自己而言，我很享受创作室内音乐和教堂音乐，我们这里有两位擅长对位法的优秀演奏家，分别是海顿先生和阿德加瑟先生。我父亲是教堂唱诗班的指挥，这令我能够随心所欲地为教堂创作。"（1776 年 9 月 4 日）神父的回信礼貌又疏远，用夸张的口吻评价道："我很喜欢那些经文歌，我从中发现了很多和现代音乐不同的地方……但你还是要勤加练习，因为音乐的特性需要人终其一生地不断练习和深入钻研。"

他义无反顾地做了最终决定：离开萨尔茨堡

利奥波德计划开启新一轮巡演，其真实目的是寻求一个稳定的职位。而科洛雷多始终没有就请假的事项进行答复。他表示约瑟夫二世即将莅临萨尔茨堡，唱诗班的成员必须在场。利奥波德请了 3 次假，都被拒绝了，但莫扎特只要自己愿意便可以离开。

自 1777 年初以来，莫扎特几乎没有创作任何有影响力的作品，除了 KV 271《降 E 大调第 9 号钢琴协奏曲》，乐曲开篇的几个小节作为一段独立的旋律存在，这也是莫扎特的才华在一系列歌剧作品中充分施展的起点。他遇见了法国演

莫扎特和父亲用"穆夫提"（Mufti）做暗语，指代希罗尼姆斯·科洛雷多。

奏家热诺姆小姐，为她创作了很多作品，之后又结识了女歌唱家约瑟法·杜舍克。在那段乌云密布的时光里，与这二位的相遇是照进他生命中的阳光。

虽然科洛雷多越来越不在意自己的乐长，甚至只把他当成音乐会的演奏者，却依然不愿放他走。1777 年 8 月 1 日，被激怒的莫扎特终于辞职了。他的辞职很快获得了批准。根据 8 月 28 日的指令，父子俩获得了"福音赐予的前往他乡寻找机遇的许可"。利奥波德感觉自己垂垂老矣，不稳定的物质条件令他恐惧，他退缩了，选择留下。1777 年 9 月 23 日，莫扎特在母亲安娜·玛丽亚的陪伴下，告别了萨尔茨堡。

第四章
幻灭

莫扎特得到了喘息。他摆脱了枷锁，远离那些妄图操控他音乐的人，远离他们专横的压迫和约束。他逃脱了牢笼。萨尔茨堡已经很遥远，创作订单作品的压力很大。他满怀希望，踏上前往慕尼黑的旅途，他确信自己的才华一定能惊艳全世界。他21岁了，正是充满幻想的年纪……

我的心情一直非常好：远离这些阻碍之后，我感觉心像羽毛般轻盈。

莫扎特，1777 年 9 月 26 日

1777 年 9 月 23 日，利奥波德感到很悲伤。他的妻子和儿子将离家很长时间，他则与细心周到的南妮儿一同留在萨尔茨堡。"你们走后，我感到精疲力竭，我走上楼，一屁股坐在椅子上。当我们分开时，我极力克制，以免放大离别的痛苦……南妮儿哭个不停，我不得不忍受着巨大的痛苦去安慰她……在上帝的庇佑下，我们上床就寝。悲伤的一天终于过去，我从未想过自己会经历这样的一天。"（利奥波德，1777 年 9 月 25 日信件）莫扎特则心情不错，他表示自己在摆脱科洛雷多之后舒心了不少。因此，父亲提醒他保持谨慎："我亲爱的沃尔夫冈，请不要再用如此恶毒的言语提起穆夫提（科洛雷多）了！要知道我还在这里，类似信件有可能遗失，落入他人手中。"

9 月 24 日，母子俩抵达慕尼黑。得益于他的声望和 3 年前《假扮园丁的姑娘》所取得的巨大成功，莫扎特与西奥伯爵以及基姆湖主教、剧院负

1777 年，利奥波德 58 岁，他的职业生涯已走到尽头。他将在萨尔茨堡度过人生的最后几年，直到最后都没能获得自己所期望的要职。具有讽刺意味的是，《玩具交响曲》无疑是他最受欢迎的作品，却一直被误认为是约瑟夫·海顿之作。

慕尼黑建市于 1158 年前后，如今是德国的第三大城市。1255 年，慕尼黑成为巴伐利亚公国的首都。

亲爱的爸爸，我不会写诗，因为我不是诗人。我不懂得如何艺术地遣词造句，营造光影氛围，因为我不是画家。我也无法用动作或手势表达情感和想法，因为我不是舞者。但我可以用声音来传达，因为我是音乐家。

莫扎特

1777 年 11 月 8 日

责人冯·泽尔亲王取得了联系。在大提琴演奏家沃希特卡出人意料的安排下，他甚至有幸私下面见了马克西米利安三世。

莫扎特将付出代价：对抗主人的行为会受到惩罚

他将承受失去的痛苦。他与前主人不和的消息已经传到了慕尼黑君主的耳朵里，而君主无论如何都不可能冒着与强大邻国交恶的风险，站到邻国那逃跑的仆从一边。莫扎特向君主展示了众多推荐信，但无济于事。君主在读过各种推荐信之后，请冯·泽尔亲王建议他去意大利寻找功成名就的机会，随便获取一个职位……这太过分了！这位音乐家在信中如实记录了他们的对话，但他仍然没有意识到，当他表示萨尔茨堡不适合他时，可能会引发致命的争论。

天真的莫扎特对现实毫无概念，尽管利奥波德尽力为他寻得了老乐迷们的建议，莫扎特也毫不在意哪些建议可能对自己有用，哪些人能够为自己辩护！包括旅店老板、资深乐迷、音乐会组织者阿尔伯特在内的一些朋友很希望他留在慕尼黑，也愿意在他找到工作之前为他提供资助，但这一方案却激怒了他骄傲的父亲。这个年轻人的脑中又萌生出一个想法，那便是在被意大利音乐深深影响的德国复兴本国歌剧。但他仍对此犹豫不决，因为他在慕尼黑医院重逢了作曲家梅斯里威切克，对方希望他去意大利。但最终，来自萨尔茨堡的指令让他回归了理性，作为听话的儿子，他选择顺从父亲的意愿。他启程前往曼海姆，并在奥格斯堡稍作停留。

小资情调十足的奥格斯堡很快让热情满满的莫扎特泄了气

莫扎特父亲的故乡并没有什么值得期待的。这座自由的城市居住着大量资产阶级人士，音乐家们都有着名流的派头，当地作曲家格拉夫

莫扎特音乐中的轻盈感是精妙平衡的结果：一点点演奏技巧加上丰富的想象力，传递出最准确的音乐表达。他的音乐不流于18世纪的肤浅风气，而是开启了一扇通往幻境的大门，充满忧郁色彩。

"讲起话来像踩高跷一般"。（莫扎特，1777 年 10 月 14 日信件）思如泉涌的莫扎特感到心满意足。他还意外结识了一位好友——堂妹玛丽亚·安娜·泰克拉，她是莫扎特的叔叔、装订工人弗兰兹·阿洛伊斯·莫扎特的女儿。她的眼神温暖，莫扎特称她为"闺密"；她堂兄写的那些直抒胸臆的信件并没有令她面红。在莫扎特的信件中，写给堂妹的信最为粗俗，那些重口味的玩笑话颠覆了一代代乐迷心目中那个粉扑扑、毛茸茸的孩童形象，也令分析人士无从下笔。

莫扎特在奥格斯堡与著名的乐器制造商约翰·安德烈亚斯·斯泰因重逢，他曾在 1763 年拜访过对方，斯泰因制作的管风琴和钢琴让他着迷。在圣克鲁瓦和圣乌利奇两座教堂的演出，令他忘却了当地权贵富商们带来的沉闷，他享受到了片刻的欢乐，也抒发了心中的嘲讽。他同意在贵族阶层的一家学会演出，但直到最后一刻，人们都不确定他能否参演，因为市长的儿子取笑了利奥波德强烈建议他佩戴的金马刺骑士十字勋章。这场 10 月 22 日举行

Sau
Porco *Cochon*
Sus

"17 日早上，我在信中表示，我们的小堂妹很漂亮、聪明、友善、理性、开朗；那是因为她很勇敢地四处游历；她也在慕尼黑待过一段时间……"

的确，我们相处得很好，她也很爱讲俏皮话！我们喜欢一起开别人的玩笑，这很有趣。

莫扎特
1777 年 10 月 17 日

的音乐会几乎没有得到任何反响。因此，莫扎特迫不及待想要离开这个曾于 1763 年热情接待过他的地方。

1777 年 10 月 30 日，安娜·玛丽亚和儿子抵达曼海姆，当地丰富的音乐资源令莫扎特兴奋不已

直到今天，人们仍能不断地在卡尔·特奥多尔选帝侯的城市听到令人叹服的音乐珍品。在约翰·斯塔米茨的推动下，一群水平卓越的演奏家组成了宫廷管弦乐团，让这股美学和实践的风潮从 18 世纪 40 年代起在全欧洲传播，为前古典交响乐的诞生做出了巨大贡献。

莫扎特将在曼海姆这片沃土中重生。无论他有着怎样的过去和名声，他在这里都终于得到了一流音乐家们的认可，其中包括作曲家卡纳比希和霍尔茨鲍尔、长笛演奏家约翰·巴普蒂斯特·文德灵及其家人、双簧管演奏家弗里德里希·兰姆、小提琴家丹纳和男高音歌唱家安东·拉夫。他们既是莫扎特的朋友，也是能力非凡的宝贵向导。即便宫廷乐长沃格勒神父和过气的音乐家约翰·斯特克尔不喜欢这位"热血"的年轻人，也改变不了什么；利奥波德的劝诫也起不到任何作用，他看着儿子经常接触一些他认为不道德的人，感到非常担忧。

莫扎特非常信任卡尔·特奥多尔，但没有得到他的任何帮助

特奥多尔是艺术、文学和科学的坚定捍卫者，从 1749 年开始统治帕拉蒂纳。起初他受到法式时尚的影响，试图将自己的宫殿变成另一座凡尔赛宫，但之后他开始拥护本国文化。刚刚落成的德国国家大剧院激起了莫扎特的遐想和愿望。11 月 6 日的一场音乐会结束后，莫扎特与特奥多尔进行了十分愉快的交谈，这令莫扎特认为，他可能会请自己创作歌剧。

但日子一天天过去，没有任何消息从宫廷传来，莫扎特开始缺钱了。在萨尔茨堡的利奥波德也很担忧，父子俩经常通信。父亲的措辞很快变得激烈起来："无论过去还是现在，旅行的必要目的，都是找到一份工作，至少是能赚到钱……如今我们已陷入困境，而你对自己的计划只字未提。"（利奥波德，1777 年 11 月 27 日）

会面结束后一个多月，在莫扎特的急切期盼中，卡尔·特奥多尔终于给出了答复：否定！尽管如此，莫扎特仍然决定留下来。他在曼海姆感到悠然自得，作曲令他感到无比幸福，他不在乎赚钱多少！巴伐利亚选帝侯马克西米利安三世的

在法国，学会一般是官方机构。而在莫扎特的祖国德国，学会更多地指代举办音乐会的协会及活动本身。

离世打断了他的计划，继任者卡尔·特奥多尔启程前往慕尼黑，他的随从们也将一同前往。

1778 年 1 月，奥兰治公主对基尔夏因博兰登市进行了短暂访问，为莫扎特带来了一个不错的机会。1 月 17 日，莫扎特向利奥波德宣告了这个消息："我至少能赚 8 个金路易，因为她热爱唱歌，我印给她 4 首咏叹调，她让自己的小型管弦乐队每晚开音乐会，我还会再献给她一部交响乐……印制咏叹调没有花掉我太多钱，是一位姓韦伯的先生陪着我去印的。他的女儿唱歌很动听……"

莫扎特刚刚度过自己的 22 岁生日，阿洛西丽亚·韦伯则刚满 18 岁……

莫扎特突然开始怜悯起这个平凡的家庭，因为他爱上了那个年轻的女歌手。他创作歌剧的想法越来越强烈，而意大利歌剧更有可能吸引他心爱之人的注意。此外，他无法向父亲隐瞒正在萌生的爱意和自己的计划，这令利奥波德十分恼怒！弗里多林·韦伯只不过是宫廷剧院的抄谱员和合唱团成员，对于利奥波德这位在乎脸面的

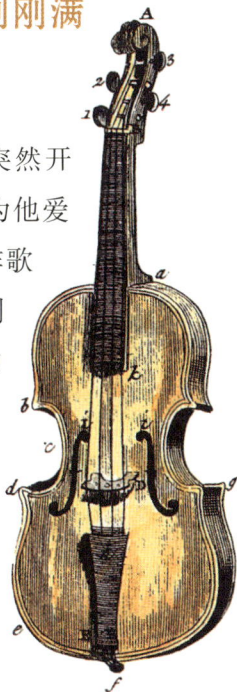

卡尔·特奥多尔（1724—1799）曾先后担任帕拉蒂纳和巴伐利亚的选帝侯，致力于保护艺术、文学和科学。他是伏尔泰、克洛卜施托克、雅可比、威朗的好友，于 1775 年创办了德国帕拉廷协会，捍卫德国的语言和文学。

父亲而言，他一心想让儿子获得令人艳羡的社会地位，绝不会考虑韦伯的女儿。

利奥波德一生都希望能出人头地，最初是靠自己奋斗，之后是靠儿子的才华。面对他忧心忡忡的劝告，莫扎特会屈服吗？利奥波德年事已高，南妮儿努力授课，艰难维持家庭的开销，而他花费高昂、债台高筑的旅行目前还没有带来任何回报。他会因父亲的要挟而动摇吗？

人们更愿意相信，莫扎特既没有放弃自己的爱情，也没有放弃创作的梦想。但目前，他还是决定前往巴黎，离开之前，他赠给拉夫、多萝西、奥古斯塔·文德灵等几位歌手好友，以及他心爱的阿洛西丽亚几首咏叹调和抒情曲。

他们用 9 天半的时间抵达法国首都，"一个人都没见，没有可以一起散步或交谈的鲜活灵魂。"（1778 年 3 月 24 日信件）他们在 3 月 23 日来到巴黎。安娜·玛丽亚很难过：她想念萨尔茨堡，她感觉儿子一直在忍受自己，并没有真正接纳自己的存在。身处异国他乡令她不安，她一

在卡尔·特奥多尔的父亲卡尔·菲利普统治时期，曼海姆开始成为音乐中心，并逐步摆脱意大利音乐的影响。1745年至1777年间，宫廷歌手和乐师的人数几乎翻了一倍。曼海姆的优秀演奏家们通常也是作曲家，他们特别擅长演奏交响乐协奏曲，是这一音乐类型的有力捍卫者。

点法语也不懂。而莫扎特则在思考着利奥波德联系上的格里姆男爵提出的建议。

阿洛西丽亚（左图）无疑是位技艺超群的歌唱家：莫扎特为她创作的音乐会咏叹调《特萨利亚的臣民们》达到了登峰造极的高度。

抵达法国首都后，唯一生存下去的方式是授课

人们都知道莫扎特对这项工作的看法："我并不适合这项工作。我其实会从授课中获得满足，尤其是当我看见学生身上的天分，或者求知

人们很难想象莫扎特当老师的样子：他在书信中表达了自己对这份单调工作的厌恶，尤其是当面对没有天分的学生时。问题在于，莫扎特已经完全意识到天分无法传授，因此只愿意给那些"为弹钢琴而生的人"授课。

莫扎特时代所流行的竖琴不同于 19 世纪塞巴斯蒂安·艾拉尔德改进后的版本。

1720 年前后，乔治·霍布如克经过一系列的改造，制成了踏板竖琴。竖琴的 7 个踏板各对应一个音阶。莫扎特选择用长笛配合这种有着水晶般音色的拨弦乐器，创作了竖琴协奏曲。这部作品有着法国人偏爱的欢愉曲风，但并未完全掩盖作者的诗意风格。

的快乐和欲望时。但我不得不在固定的时间到别人家里，或者在自己家等学生，哪怕是为了赚钱，我也觉得自己做不到……我既不应该也不能够任由上帝赋予我的作曲才华被埋没。"（1778 年 2 月 7 日信件）但此时的他没有其他事情可以做。

最初的日子过得很艰难，家里脏乱不堪，甚至没办法摆放钢琴。后来格里姆男爵和他的好友埃皮纳女士给这个年轻人介绍了好一点的房子。文德灵、兰姆、拉夫等曼海姆时期的朋友也来到了巴黎。

不久之后，安娜·玛丽亚的信件就令丈夫放心了不少：他们找到了一间体面的住房，莫扎特同宗教音乐协会的负责人让·勒·格罗进行了会面，也再次见到了歌剧院的芭蕾舞大师让·乔治·诺维。他还被介绍给了颇受宫廷赏识的吉斯内公爵。莫扎特为吉斯内公爵和之后成为他学生的公爵女儿创作了著名的 KV 299《C 大调长笛和竖琴协奏曲》。

这些事情带来的满足令他忘记了某些人的无礼轻慢，比如用最轻蔑的礼节对待他的夏博特公爵夫人：她让莫扎特在一间冰冷的房间里等候，并让他在客人们绘画时弹奏一台品质很差的击弦键琴！

15 年前追捧这位神童的巴黎，如今对他却只剩下冷漠和敌意

　　失望很快袭来：本应由文德灵及同事们在宗教音乐会上用长笛、双簧管、法国号和大管共同演奏的 KV 297b《降 E 大调交响协奏曲》的乐谱居然没被抄录下来。这可能是一位如今已被人遗忘的作曲家——乔凡尼·朱塞佩·坎比尼的阴谋，因为他担心自己的优势地位受到威胁。莫扎特一度信任他，但更有可能是由于勒·格罗的疏忽。在这部内涵丰富的作品中，法式情调受到了曼海姆的风格影响，没能留下乐谱是一大损失。

　　在这些忧虑、紧张和羞辱中，KV 310《A 小调第 8 号钢琴奏鸣曲》透露出痛苦的印记。6 月 18 日，为了表达自己的歉意，勒·格罗在宗教音乐会上亲自指挥了 KV 297《D 大调第 31 号交响曲"巴黎"》，如阳光般抚慰了莫扎特。

　　巴黎忽视了莫扎特，除了凡尔赛宫管风琴师的职位，什么也没带给他，而他对这份工作毫无兴趣。他恨透了巴黎这座多变而时髦的城市。

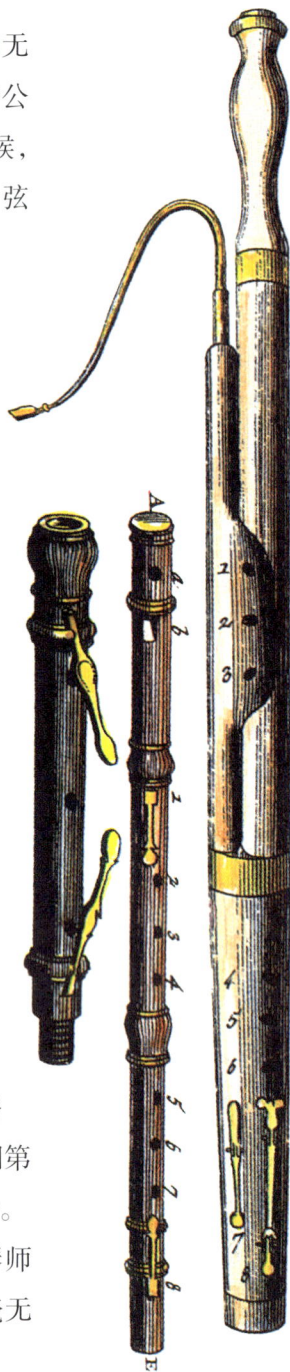

莫扎特很快将经历旅程中最严酷的考验

6月中旬，安娜·玛丽亚孱弱的身体每况愈下：她开始发烧，7月3日，在昏迷几个小时后，她安静地离开了人世。莫扎特感到深深的痛苦和孤独，但一贯逆来顺受的他克制住了自己的情感。与此同时，他也从被监视的重压中解脱了出来，人们能感受到他重获新生。他再度对阿洛西丽亚思念不已，甚至想将旅居时间延长，以期得到一份创作歌剧的订单。但若这么做，就是将利奥波德和格里姆抛到了脑后。二人都与莫扎特保持着书信往来，男爵的意见被萨尔茨堡的利奥波德视为绝对真理。不过，最初的热情已被毫不掩饰的反感所取代：莫扎特不得不向格里姆借钱，对方直截了当地向他要债；他还拒绝与支持意大利音乐的格鲁克作对。格里姆认为莫扎特不具备在巴黎获得成功的充分条件，开始催促他回老家，这一态度并不令人意外。

8月初，约翰·克里斯蒂安·巴赫和阉伶歌者坦杜奇的到访为莫扎特的心灵带来些许安慰。他的父亲和亲友则不断对他进行劝说，他们再度尝试联系卡尔·特奥多尔，还请马尔提尼神父相助，这一切都是为了让他回到家乡。管风琴家阿德加瑟和乐长罗利刚去世，他得抓住这个机会。科洛雷多也愿意请他回来，甚至同意让这位音乐家在有订单的情况下前往外地工作，若莫扎特拒

在 KV 297b《降 E 大调交响协奏曲》唯一留存至今的副本中，完全没有用到长笛，只用到了单簧管。这一变化体现了莫扎特对单簧管的热爱和对长笛的憎恶："我得不停地为一种令我无法忍受的乐器创作，这令我整个人都崩溃了。"（1778 年 2 月 14 日）

怀揣对上帝的感激，我坚定而毫无保留地承受了一切。当母亲病重时，我只向上帝祈求两件事，第一是希望我的母亲能获得最后的幸福时光，第二是希望我能拥有力量与勇气。

莫扎特，1778 年 7 月 3 日

绝，他的老父亲可能会以死相逼，他还将面临高筑的债务；若他接受，阿洛西丽亚·韦伯可能也会去萨尔茨堡的宫廷碰碰运气！

心如死灰的莫扎特听从了父亲的命令：他决定返回萨尔茨堡

9 月 26 日，格里姆男爵将莫扎特送上前往萨尔茨堡的车，他将在那里举办 3 场音乐会，至少在 11 月 3 日之前，他不会再离开萨尔茨堡。出发 3 天后，他抵达了曼海姆。但他意外地错过了阿洛西丽亚（对方刚刚前往慕尼黑工作），他在曼海姆停留了一段时间，参与一部由伏尔泰作品《塞米拉米斯》改编的音乐剧。利奥波德的怒火并没有平息，但他也不得不接受现实，因为莫扎特旅程的下一站便是慕尼黑。圣诞节那天，莫扎特与阿洛西丽亚重逢了。莫扎特离开的时候，阿洛西丽亚还只是一个刚起步的年轻歌手，而如今她已是一位公认的歌唱家，只专注于自己的事业。莫扎特大受打击，但他创作的音乐会咏叹调《特萨利亚的臣民们》无疑是最好的告别礼物，让心爱之人的歌喉大放异彩。

在为准王妃献上此前在巴黎创作的小提琴和钢琴奏鸣曲（KV 301～KV 306）后，莫扎特亲爱的"闺密"堂妹前来与他会合，并陪伴他重新上路。1779年1月16日，在阔别15个月后，莫扎特回到了父亲和姐姐身边。但安娜·玛丽亚已离世，葬在遥远的法国，为这次的重逢笼罩上一层灰暗的色彩。

若你的母亲从曼海姆直接回家，她可能就不会死……你将在一个更好的时机前往巴黎……而我可怜的妻子仍将在萨尔茨堡好好活着。

利奥波德
1778 年 8 月 27 日

最亲爱的父亲，只有您能抚慰萨尔茨堡带给我的痛苦，我相信您一定会的。

莫扎特
1778 年 10 月 5 日

第五章
"我的幸福由此开始……"

莫扎特已经缴械投降，他再次顺从地任由科洛雷多欺压。但他在接触了意大利、德国和法国的音乐家后，作品内涵更加丰富……更重要的是，虽然他仍有些受到冷落，但大众如今已认可他是一位无与伦比的天才。

在维也纳的岁月深刻影响了莫扎特在 1779 年至 1782 年间的作品。

1779年1月17日，莫扎特在23岁生日前6天，正式担任萨尔茨堡大主教的管风琴师。回到故乡的忧郁心情和灰暗的日常生活压迫着他，他还得按要求提供作品，其中包括创作于3月的《弥撒曲"加冕"》。一位名叫伯姆的男士率领剧团到访，安抚了莫扎特的心情。他始终没有丢掉创作歌剧的念头。这家巡回剧团将《假扮园丁的姑娘》改编成一部流行的德语歌唱剧，按照喜歌剧的风格，交替出现咏叹调和对白。他的另一部歌唱剧《柴伊德后宫》尚未完成，但几个月后，《后宫诱逃》开始排演。伯姆剧团的演员进行演出后，《魔笛》未来的词作者埃玛努埃尔·希卡内德剧团的演员们也演出了该剧。

莫扎特却觉得无聊得要死，失去了作曲的兴致

莫扎特享受戏剧，阅读莱辛、莎士比亚和博马舍的作品，让日子显得不那么单调。利奥波德看到自己的家人又聚在一起，似乎很开心。

莫扎特的作品寥寥。他只创作了一部 KV 319《降B大调第33号交响曲》（自1774年以来的第2部！），一首古怪的 KV 320 小夜曲，圆号欢快而突兀的呼号声贯穿了整首曲子，活力中带着悲伤，以及伟大的 KV 364《小提琴与中提琴交响协奏曲》。这一作品具有令人难以置信的表现力，成为他的代表作之一。然而，

18世纪下半叶，协奏曲和交响协奏曲风靡一时，各种乐器的音色融合得很动听。大多数作品是为钢琴或小提琴创作的，也有一些为双簧管、小号、单簧管等乐器创作的协奏曲。莫扎特创作了4首降E大调圆号协奏曲，其中两首是献给圆号演奏家、奶酪商人伊格纳兹·莱特伯格的。圆号（下图）的音色低沉而热烈，十分动人，但对于独奏者而言很难熟练掌握，尤其是高音部分。

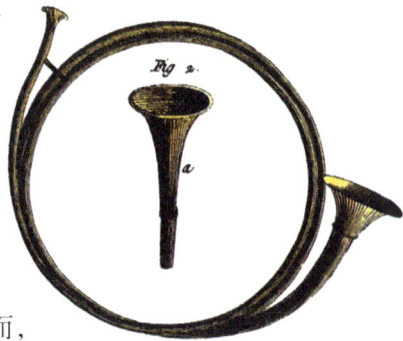

制琴工坊

人们应该从未见过这样一间小提琴、中提琴、竖琴和各式老式乐器混杂在一起的神奇乐器作坊。17 世纪，一群意大利大师创造了现代小提琴，他们是布雷西亚的贝托洛蒂和玛基尼，以及克雷莫纳的阿玛提和斯特拉迪瓦里。文艺复兴前，音乐家们通常自己制作乐器。当时的擦弦乐器主要有两个派别，分别是被认为更加高贵的低音古提琴和用于通俗娱乐的臂上提琴。17 世纪末，小提琴成为独奏演奏者最偏爱的乐器。

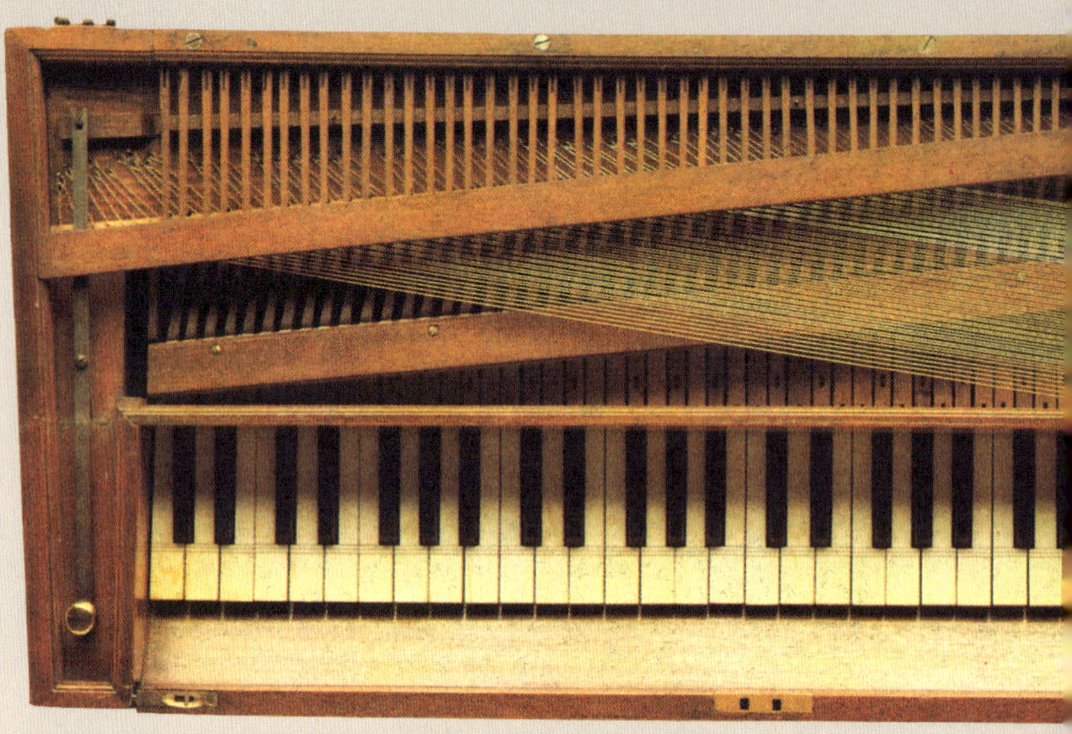

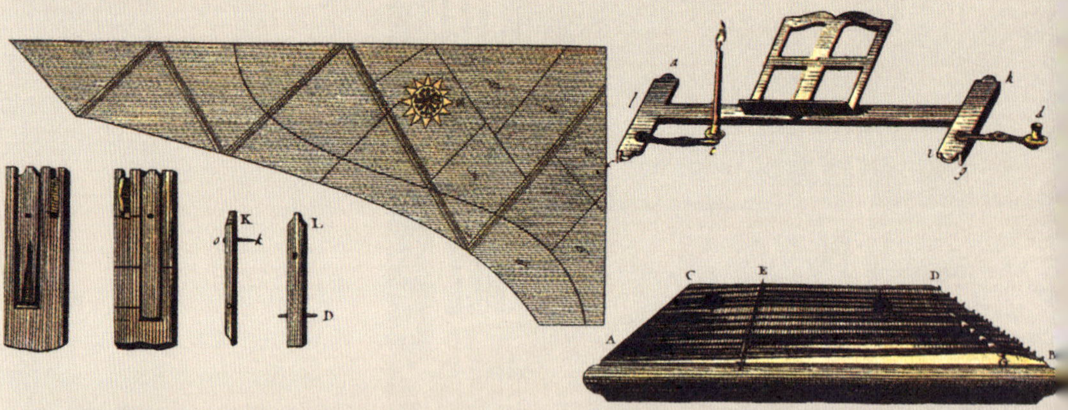

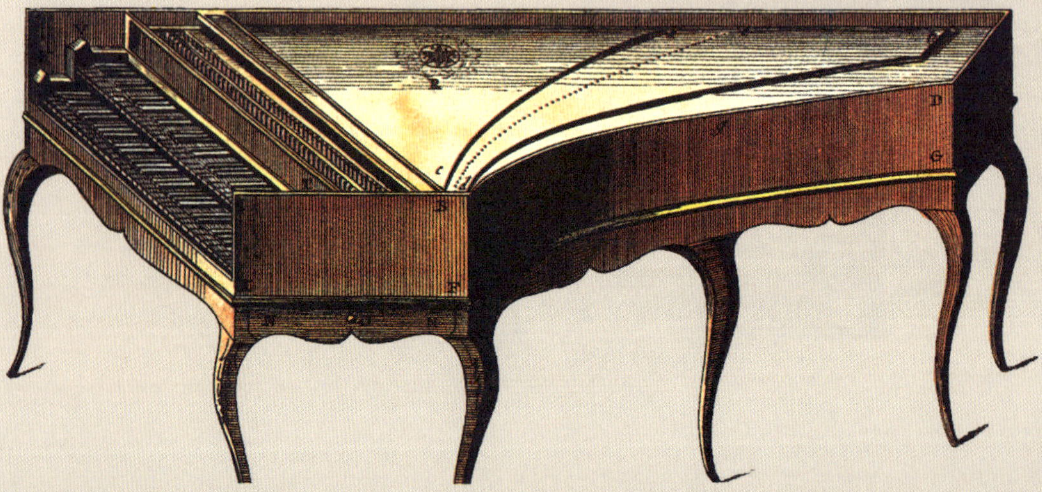

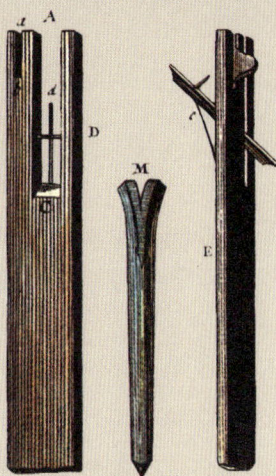

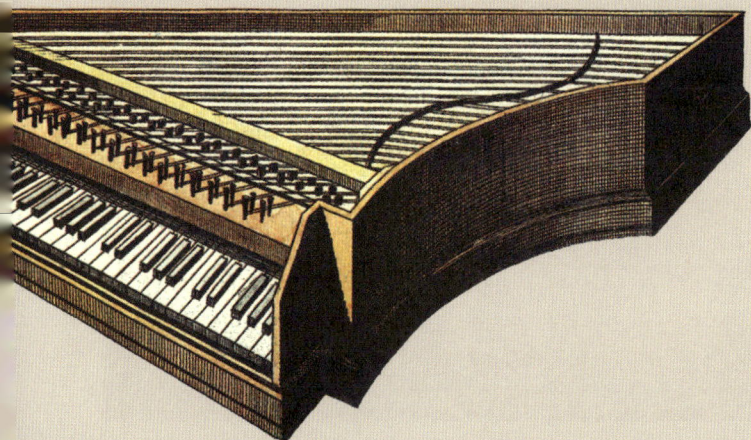

钢琴的构造

从羽管键琴、斯皮耐琴到古钢琴，图中是几种18世纪常见的键盘乐器（其中缺少由克里斯多弗里于1698年在佛罗伦萨发明的击弦键琴）。与羽管键琴和斯皮耐琴不同，古钢琴的拨键末端用羽毛尖端固定琴弦，属于击弦乐器。15世纪，羽管键琴的最终形式在意大利被确定下来，为欧洲音乐形式的演变做出了巨大贡献。斯皮耐琴的体积最小，琴弦与琴键垂直或倾斜排列（而非平行），在16世纪和17世纪最为流行。

1779 年秋季至 1780 年夏季（KV 338《C 大调第34 号交响曲》创作于 8 月 29 日），他几乎没有任何产出。这是一场短暂的危机吗？他是否借此方式，拒绝让自己的职责或身边人的品位限制他的音乐风格？

卡尔·特奥多尔为莫扎特的第一部大型歌剧《伊多梅纽斯》提供了成功的机遇

慕尼黑选帝侯卡尔·特奥多尔委托莫扎特为狂欢节创作一部正歌剧。《克里特王伊多梅纽斯》的剧本由萨尔茨堡的宫廷牧师瓦莱斯科创作。科洛雷多无法拒绝这样的双重荣耀，他准了这位管风琴师 6 周假，最终将假期延长到了 4 个月。

韦伯一家已经离开慕尼黑，定居维也纳，阿洛西丽亚也在那里工作，但长笛演奏家贝克、文德灵、拉夫、卡纳比希等莫扎特的好友都在慕尼黑。这种友爱的氛围很适合创作，这让他的创作热情高涨："我的脑袋和双手都完全被第三幕占据了，若我自己在第三幕中改变一点，就不会诞生这样的奇迹了。"（1781 年 1 月 3 日信件）

皇后去世后，科洛雷多也来到维也纳。利奥波德和南妮儿得以亲眼见证 1781 年 1 月 29日《伊多梅纽斯》的成功上演。这是一场短暂的胜利，因为音乐形式含混不清，突破了正歌剧的限制，赋予戏剧的主角人性和情感，令人困惑，但莫扎特感到很高兴。

18 世纪，正歌剧盛极一时。剧中用宣叙调推进情节，用咏叹调自由抒发情感，以古代和神话中的人物通过充满转嫁和模仿等修辞手法的词句赞颂美德。然而，歌手们总是忘不了自己的明星身份。

然而，他的老板并没有忘记他，科洛雷多要求他在维也纳与其会合，两人的关系很快演变成冲突。近期的成功带给莫扎特很多荣耀，他获得了进入维也纳贵族圈层的入场券，无法忍受继续被当作家仆对待。与小提琴手布鲁内蒂和阉伶歌者切卡雷利等选帝侯的其他仆从为伍的日子令他倍感折磨。

与科洛雷多的冲突升级……莫扎特为此窃喜

大主教的目的何在？一名反叛的员工要求获得比其他成员更高的待遇，可能会打破唱诗班的

我在这里获得了世界上最美丽、最有用的知识……人们授予我一切可能的荣誉……我得到了相应的报酬。要我在萨尔茨堡继续煎熬，得付400弗罗林才可以……不多给点钱和鼓励，我怎么可能忍受煎熬？这样下去将会怎样？结果都是一样的：要么我继续任由自己受辱直到死去，要么我再次离开。

莫扎特写给利奥波德
1781年5月12日

内部平衡，他是为了压制这名员工吗？他一直对莫扎特展现敌意，并试图阻止其参与一场由维也纳作曲家协会为音乐家的遗孀和遗子举办的音乐会，但没有成功。

莫扎特很清楚自己更愿意留在维也纳。他刚在那里取得了成功，与图恩伯爵夫人、科本兹伯爵等贵族建立起联系，还有像麦斯麦这样的坚定盟友：所有这些都让他确信，自己能在首都维也纳过上很好的生活，而且德语剧院的总监、"年轻人"戈特利布·斯泰法尼正考虑请他创作一部歌剧。他准备好与科洛雷多决裂了，他甚至很期待这么做（利奥波德对此十分恐惧）。这一天很快就要到来。在5月9日用部分加密的方式写给父亲的信中，他详细叙述了与大主教的激烈会谈，盛怒的大主教毫不客气地辱骂了他，他正式辞职。这封信在欢乐而愤怒的呼喊中收尾：

"我恳求您能开心点……因为我的幸福由此开始，我希望我的幸福便是您的幸福……我不想再听到有关萨尔茨堡的任何事情了……"这是音乐史上的首次，一名作曲家选择创作至上，拒绝了以被奴役为代价的安稳生活，投向自由！

由于利奥波德的介入，他还需要再等一个月才能真正独立。利奥波德请求冯·阿尔科公爵提供帮助，对方给莫扎特做了很多思想工作，其中

请您再耐心一点，我将会很好地向您展示，维也纳对我们每个人都有益……在萨尔茨堡，我哪怕有过一百次消遣，也仍然整天长吁短叹，而在这里……不存在所谓消遣。因为在维也纳本身，就是一种放松的消遣。

莫扎特写给利奥波德
1781年5月26日

一些说法后来被证明有一定道理（他特别提醒莫扎特关于维也纳人的善变和轻浮），谴责的最后，他踢了莫扎特著名的一脚。莫扎特认为，是时候远离父亲的操控了。

安东尼奥·萨列里（1750—1825）自1774年起担任维也纳的宫廷作曲家，相比于竞争对手，他的身份更倾向于莫扎特的前辈。

1776年，约瑟夫二世对维也纳城堡剧院进行改革，使其成为国家剧院。1778年，他在国家剧院中增设了国家歌剧院，以恢复德国音乐应有的地位。

莫扎特将为与王公的勇敢决裂付出高昂代价：在维也纳的他自由了，但身无分文，被迫谋生

自5月起，他居住在"上帝之眼"——韦伯夫人的一所房子里。他还无法完全忘记已嫁给约瑟夫·朗杰的阿洛西丽亚；他也还没有开始牵挂康斯坦斯，他只是一名和其他人一样的普通房客。

生活一点点艰难地进入正轨。起初莫扎特只收了伦贝克伯爵夫人一名学生。他还在阿塔里亚出版社预约出版了自己的4部小提琴和钢琴奏鸣曲，分别是KV 376、KV 377、KV 379、KV 380。但他夏季的音乐活动有所减少，戏剧仍然是他的救生板：戈特利布·斯泰法尼正式请他创作歌剧，1781年7月30日，斯泰法尼将《后宫诱逃》的剧本交给他，该剧预计于俄国叶卡捷琳娜二世的儿子保罗大公年底访问时上演。

除了《后宫诱逃》中的角色康斯坦斯，莫扎特还将创作于维也纳的歌剧《唐·璜》中艾尔维拉的咏叹调《你背叛了我》交给卡塔里娜·卡瓦利耶里演唱。

莫扎特的梦想终于要实现了：创作一部德语歌剧，参与约瑟夫二世所期望的民族艺术复兴。推动这一项目用了一年的时间。在此期间，他与利奥波德之间的关系并没有缓和。

人们开始传莫扎特和康斯坦斯·韦伯的闲话

流言蜚语很快就传到了萨尔茨堡。两个年轻人之间的感情是真挚的，但没有像曾经给阿洛西丽亚的爱那般炙热而青春。弗里多林去世后，约翰·图尔瓦特一直是他女儿们的监护人，在他和未来岳母的催促下，莫扎特同意订婚。他向父亲解释，自己需要"拯救这个可怜的女

孩"，她"没有敏锐的头脑，但有足够的理智来履行身为妻子和母亲的职责"。（1781 年 12 月 15 日信件）

在此期间，《后宫诱逃》毫无进展，新曲子很少。莫扎特还是希望能进入宫廷，比如成为符腾堡的伊丽莎白的教师，但被聘用的是萨列里。不久后，与作曲家、演奏家穆齐奥·克莱门蒂的一场钢琴"比赛"令他声望大增，他得以让这一年在乐观中收尾，也令父亲放心了些。一名富有的出版商妻子冯·塔特纳夫人、帕尔菲伯爵夫人和齐希伯爵夫人都成为他的学生，授课让他过上了稳定的生活。然而，他与利奥波德的关系依旧很紧张，与康斯坦斯的婚姻也前景渺茫，而莫扎特仍然真诚地希望能得到父亲的祝福。

1782 年，莫扎特忘却了所有物质上的琐事，沉醉于约翰·塞巴斯蒂安·巴赫的音乐中

这一时期的莫扎特在音乐上的重大事件是，他在戈特弗里德·范·斯威滕男爵的帮助下，再次听到了亨德尔和约翰·塞巴斯蒂安·巴赫的作品（距离他的好友约翰·克里斯蒂安·巴赫去世不久）。约翰·塞巴斯蒂安·巴赫作品中的美感和复杂性激起了莫扎特的兴趣和热情，他将《平均律钢琴曲》中赋格曲的乐谱记录下来，交给男爵的管弦乐队演奏，并为其即兴创作了前奏曲。

一次独特的经历吸引了他的注意：一位名叫马丁的先生成立了一家音乐爱好者交响乐协会，皇帝允许协会于夏季在奥格腾花园和维也纳的各大广场上举办演出活动。莫扎特参加了演出，马克西米安大公出席了第一晚的活动。

但在 5 月底之前，莫扎特仍将大部分时间用于歌剧的作曲。7 月 16 日，《后宫诱逃》的首演激起了不同寻常的热烈反响。"旋律太棒了，我亲爱的莫扎特，"约瑟夫二世说，面对剧中对青春之光的宽容和慷慨，

我想我在《后宫诱逃》这部作品中看到了每个男人年轻时的欢乐时光，这种如繁花般的岁月一去不复返。

韦伯，1818 年

对自由与爱情的歌颂，他应该深受感动。公众的反馈最为准确，《后宫诱逃》大获成功，在几个月间重演了 16 次："昨天，我的歌剧进行了第3 次演出，全场掌声雷动……尽管天气炎热，剧场内还是座无虚席……

我可以说，人们完全为这部剧疯狂了，能取得这样的成功真是太好了。"（莫扎特，1782 年 7 月 27 日）

在剧中，帕夏·塞利姆和贝尔蒙特都迷恋的女主角也叫康斯坦斯，这是出于偶然吗？我们不应该随意将这一巧合与作曲家的私人生活联系起来。这对未婚夫妇共同度过了一些艰难的时刻，韦伯夫人对此也有所了解，因此她利用现在的情形，要求未来的女婿签署一份婚姻承诺书，约定若他没能履行自己的承诺，就必须支付给她女儿每年 300 弗罗林的补偿——康斯坦斯本人立即将文书撕碎了。

8 月 4 日，婚礼在圣埃蒂安大教堂举行

利奥波德直到婚礼结束后才送上祝福。莫扎特如今肩负着家庭的责任。他刚刚完成萨尔茨堡市长委托创作的 KV 385《D 大调第 35 号交响曲"哈夫纳"》，但未来的前景仍然充满了不确定性：约瑟夫二世和宫廷没有带来任何有希望的消息。他一度想要将重心转移到法国或英国。康斯坦斯却告诉他，自己已有身孕。秋季来临，他再次开始授课，参加音乐学院的活动。他又接连创作了 3 部钢琴协奏曲（KV 413、KV 414、KV 415）。这 3 部协奏曲"在过难和过易中找到了精确的中点。它们的旋律明亮而动听，充满自然气息，但

Therese Teyber

Valent Adamberger

Catarina Cavalieri

Ernst Dauer

除了由卡瓦利耶里、亚当贝格尔和扮演奥斯明的著名男低音路德维希·费舍尔引领的五重唱，还有一个无声的角色——帕夏·塞利姆。

圣埃蒂安教堂始建于1147年，后毁于火灾，14世纪初重建，150米高的哥特式塔楼于1433年完工。1791年，莫扎特在去世前不久，被维也纳市政府授予教堂副乐长的头衔，并被承诺，若乐长利奥波德·霍夫曼去世，将由他接替职位。

并未陷入平庸。为了让乐曲获得成功，我需要写出一些通俗易懂、哪怕车夫也能马上哼唱出的旋律，或者一些虽然听不懂，但能让人发笑的旋律，因为没有一个正常人能理解"。（1782年12月28日信件）写给约瑟夫·海顿的6首弦乐四重奏的第一首（KV 387），是莫扎特内心的真实流露。

1783年在无忧无虑的状态中开始，这对年轻夫妇（莫扎特27岁，康斯坦斯19岁）正等待着第一个孩子的降生。授课和音乐会带来了足够的收入；虽然德国歌剧院的关闭暂时中止了民族文化复兴的希望，为

直到近些年，康斯坦斯·莫扎特的名誉才有所恢复。人们对她的传言有真有假，有些堪称诽谤。据说她挥霍无度，只顾享乐。然而，很多文献证明，她是一位随时准备坚定维护丈夫事业的精明女商人。

莫扎特传记的作者之一弗里德里希·施利希特格罗尔表示，康斯坦斯是"一位有两个孩子的好母亲、值得尊敬的好妻子，她曾多次试图劝阻莫扎特做出愚蠢和过激行为"。

萨列里推崇的意大利音乐的卷土重来创造了条件，却几乎没有对莫扎特的生活造成什么影响。

德国歌剧已辉煌不再？意大利歌剧风头正盛！

3月，莫扎特遇见了因不虔诚而被教廷惩治的前任神父洛伦佐·达·彭特，他将深刻影响莫扎特的音乐历程。莫扎特再度联系上《伊多梅纽斯》的剧作者瓦莱斯科牧师，并提议在夏季去萨尔茨堡时与他见面。这是莫扎特最后一次回到故乡，他在那里待了 3 个月。对于康斯坦斯和她的丈夫而言，这 3 个月过得不幸而窘迫，因为莫扎特实际上仍受雇于科洛雷多，他的辞职请求还没有得到书面形式的批准。这 3 个月间，莫扎特为病中的米歇尔·海顿创作了 KV 423、KV 424 两部小提琴和中提琴二重奏，还为同乡们演奏了 KV 427《C 小调弥撒》。这首尚未完成的曲子是他结婚前不久为了祈祷康斯坦斯身体康复而作的。

夫妻俩没有将小雷蒙德带在身边，他生于 6 月 17 日，是一个"漂亮壮实的男孩子，圆滚滚的，像个球"。他出生的那晚，他父亲献给海顿的第二首弦乐四重奏（KV 421）创作完成。他们不愿拖延时间，7 月底抵达萨尔茨堡，10 月底就离开。回程路上经过林茨，莫扎特在那里用 4 天时间创作了 KV 425《C 大调第 36 号交响曲》，以感谢图恩伯爵的热情款待。但在维也纳，有一个坏消息等着他们：在他们离开期间，宝宝去世了。尽管心情悲痛，莫扎特仍满怀信心。

音乐会越来越多，首都热情欢迎作曲家莫扎特

莫扎特又创作了 4 首钢琴协奏曲，其中 KV 449《降 E 大调第 14 号钢琴协奏曲》和 KV 453《G 大调第 17 号钢琴协奏曲》写给一位新收的很

通过文艺协会，我获得了很多荣誉。

莫扎特写给利奥波德
1784 年 3 月 20 日

有天分的学生芭芭特·普罗依，另外两首会令人
"弹到出汗"的 KV 450《降 B 大调第 15 号钢琴
协奏曲》和 KV451《D 大调第 16 号钢琴协奏曲》
则是写给自己的。这样的工作节奏令人感觉不到
时间的流逝。1784 年的夏天很快到来，康斯坦斯
即将于初秋时节迎来一个孩子。萨尔茨堡的南妮
儿终于嫁给了一位男爵，而她再也没有见过她的
弟弟。

　　莫扎特新结识了两位著名的同行——萨尔蒂
和帕伊谢洛，以及包括南希·斯托拉斯在内的一

莫扎特在 1770 年至
1790 年间，创作了
23 首弦乐四重奏。

南希·斯托拉斯（1765—1817）是《费加罗的婚礼》首演时苏珊娜的扮演者。她和莫扎特之间到底是什么关系呢？

群英国歌手。9 月 21 日，卡尔·托马斯在夫妻俩居住的特拉特纳别墅出生。冬天又到了，总是要求莫扎特创作新曲子的文艺协会经常举办朋友间的聚会。迪特斯多夫担任第一小提琴手，约瑟夫·海顿担任第二小提琴手，万哈尔担任大提琴手，莫扎特担任中提琴手。这些室内音乐活动让莫扎特的生活变得充实。自 1782 年起，他一直投身于创作各种四重奏作品。

1784 年末和 1785 年初，盛大活动接连举办

莫扎特的生活发生了一个重大变化，确切地说，是长时间深刻思考的结果：1784 年 12 月 14 日，莫扎特成为共济会"慈善"分会的一员。1785 年 2 月，一个惊喜等待着他：利奥波德前来探访，对儿子取得的成就充满欣喜，当海顿说莫扎特是自己认识的最伟大的作曲家时，他感动得热泪盈眶。他也被莫扎特写给共济会的作品深深折服。他抵达维也

事实上，莫扎特剧中和法国作家笔下的唐·璜及费加罗存在很大差异。博马舍的法式风格生硬而夺目……莫扎特则不会掺入一点苦涩的感觉，他的作品是对爱毫不含糊的表达。

罗曼·罗兰
《古代音乐家》

纳的那天是 2 月 10 日，那一天莫扎特正好完成了悲壮的 KV 466《D 小调第 20 号钢琴协奏曲》，紧接着创作了舒缓而温暖的 KV 467《C 大调第 21 号钢琴协奏曲》。

在繁忙的工作生活中，他还继续创作歌剧吗？他并没有忘记歌剧，但需要先找到合适的剧本。达·彭特提供了《受骗的丈夫》的剧本，但还只是大纲。那要创作一部德语作品吗？当时这不在考虑范围内。1784年，《费加罗的婚礼》（又名《疯狂一日》）在巴黎掀起了丑闻，皇帝禁止这部下流喜剧在国家大剧院的舞台上演，但莫扎特对这个主题很感兴趣，他将剧本推荐给了达·彭特，后者负责说服约瑟夫二世。歌剧的作曲工作在年底进行，其间他创作了 KV 482《降 E 大调第 22 号钢琴协奏曲》，这是因为他得靠举办音乐会维系生活，而他的家庭财务状况有所恶化。应君主的要求，他还需要为 1786 年 2 月 7 日在美泉宫首演的歌唱剧《剧院经理》作曲，萨列里创作的《音乐至上》也在同一场演出中上演。

当时所有参演了这部歌剧的人中，我是唯一还活着的。首演的演员们有一项优势，那就是可以同作曲家一起学习领会，将创作者的想法融入自己的灵魂。我永远也忘不了他那张生动的脸，闪耀着天才的光彩；那是无法形容的神采，就像我们画不出太阳光一样……我还记得第一次与管弦乐队合练的情景。莫扎特站在舞台上，穿着深红色的外套，戴着金色的高帽子，向乐队提出要求。

迈克尔·奥凯利
《回忆录》，1826 年

尽管《费加罗的婚礼》获得了成功，30 岁的莫扎特仍感受到作为艺术家的孤独

3月，莫扎特创作了两部新的钢琴协奏曲：KV 488《A 大调第 23 号钢琴协奏曲》和绝妙但鲜为人知的 KV 491《C 小调第 24 号钢琴协奏曲》。之后，尽管受到各种阴谋阻碍，《费加罗的婚礼》仍然于 1786 年 5 月 1 日在城堡剧院成功首演。这只是一次有限的成功，因为大胆的情节和充满独创性的音乐并不是为了取悦肤浅的大众。最能反映他私人情感的作品——献给海顿的四重奏系列——并没有引起公众的注意。由于一系列的误解和伤痛（他那生于 10 月 16 日的第 3 个孩子约翰·托马斯于 11 月 15 日去世），莫扎特考虑前往英国，但从布拉格传来了希望的消息。

下页图：共济会成员的精神启蒙过程分为 3 个主要阶段：工徒、工员和工师。根据国家和分会的不同，阶段之间会设置过渡等级。每个等级都有各自的职责和徽章（对装饰艺术产生了一定影响）。莫扎特在这样的等级制度中，遵守规则、履行职责，进步得很快，在他生命的最后几年，共济会的思想不仅影响了他的音乐，也帮助他塑造了博爱和慈悲的理想信念。他为共济会创作的第一部作品是 1785 年 3 月 26 日的浪漫曲《小伙子漫游》；最后两部作品为 1791 年 11 月创作的合唱曲《友谊颂》和浪漫曲《让我们拉起手来》，写于去世前几日。

第六章
光明与黑暗

1787 年，莫扎特 31 岁，他的生命仅剩最后 4 年。在这 4 年里，财务问题一直困扰着他。这是他生命中最黑暗的时光，但他却写出了最后、最光辉的佳作……

———————

我必须诚实地向您坦白，尽管布拉格是一个既美丽又宜人的地方，但回到维也纳之后，我仍然长吁短叹。

莫扎特

上页图：1782 年至 1783 年的冬季，阿洛西丽亚·韦伯的丈夫约瑟夫·朗杰为莫扎特绘制了这幅肖像。令人不解的是，这幅画尚未完成。

1787 年的开端很愉快：1 月 11 日，受图恩伯爵邀请，莫扎特来到布拉格。《费加罗的婚礼》反响热烈，布拉格热情迎接了亲自前来指挥歌剧的作曲者。他在一场音乐会上演出了 12 月新创作的 KV 504《D 大调第 38 号交响曲》（KV 503《C 大调第 25 号钢琴协奏曲》也创作于同一时期），并用击弦键琴进行即兴演奏，演奏厅里欢呼不断。回到维也纳后，莫扎特对这段热闹日子的唯一记忆是，剧院经理邦迪尼委托他为秋季创作一部新歌剧。

莫扎特在朋友杜舍克的波琪姆卡别墅完成了《唐·璜》的最后润色。直到 19 世纪初，女高音歌唱家、钢琴家、作曲家约瑟法·杜舍克仍坚持登台演出。传说她有一天将莫扎特关起来，威胁他若不给自己写一首音乐会咏叹调，就不放他走。这首咏叹调便是《我美丽的火焰，再见了！》。

波希米亚的欢乐时光过后，便是一段灰暗的日子

英国的朋友们都走了，其中包括苏珊娜的扮演者南希·斯托拉斯。好友哈茨菲尔德伯爵的离

在莫扎特的要求下，贝多芬弹奏了几首曲子，莫扎特反应冷淡，他认为这些都是死记硬背下来的作品。贝多芬察觉到了莫扎特的想法，于是为他进行即兴主题的演奏……他弹得非常好，莫扎特马上跑到另一个房间，对几个朋友大声说："你们得关注这位，他会让自己的名字传遍世界。"

奥托·雅恩
《沃尔夫冈·阿玛多伊斯·莫扎特》
1856—1859年

世令莫扎特再次直面死亡，通过这件事，他得以平静地接受死亡的事实。他化悲痛为力量，创作了 KV 515 和 KV 516 两部弦乐五重奏。4月的一天，一名17岁的男孩子、科隆大主教的管风琴手，来到他简陋的居所门前。他名叫路德维希·凡·贝多芬。两位音乐巨匠的不期而遇，似乎没有在彼此的生命中留下任何印记！

命运的考验又将到来。利奥波德已经病了有一段时间，他于5月28日去世，这对于他的儿子而言是一个沉重的打击。他的过去已无处可寻。莫扎特再也没有见过他的姐姐。萨尔茨堡的一切已彻底远去。然而，他必须继续工作。8月，他创作了著名的 KV 525《G大调第13号小夜曲》，他为弦乐四重奏配上低音提琴——形成五重奏，带给听众无与伦比的新鲜感。

夏季期间，新的歌剧进展顺利。达·彭特担任编剧。他为《唐·璜》创作的歌词与贝尔塔蒂作词的《石客》有很高的相似度，1787年，加扎尼加为《石客》谱曲。该剧的主题没有任何新奇之处。在18世纪末，人们甚至已经听腻了类似的故事。自10月起，莫扎特在布拉格认真参与歌剧的排练和准备工作，但推进得很困难。事实上，他连乐谱都没写完，有个传闻不知是真是假，据说序曲直到10月29日的首

演前才创作完成，但最终的反响很热烈。11 月中旬，他一回到维也纳，就被皇帝任命为帝国皇室作曲家，接替刚刚去世的格鲁克的职位，但薪水要比前任低得多。

荣耀时光已成过去！追逐潮流的善变公众认为莫扎特的音乐太难懂

1787 年 12 月 27 日，康斯坦斯诞下女儿泰瑞斯，这令她丈夫十分欣喜，但财务困难越积越多。这是因为，虽然莫扎特有意向举办新一轮音乐会，也

Don Juan, oder: der bestrafte Bösewicht.

创作了新作品希望可以印制，却没有得到任何回应。很显然，他并不是一个有钱人，也缺乏规划。他曾试图管理账目，也想过要为作品编制目录，但都没有坚持太久。康斯坦斯也是过一天算一天的人，基本上进账多少就花掉多少，努力维持表面的生活。她接连怀孕，疾病缠身，夫妇俩只能勉强生存。

1788 年，他们开始了地狱般的借贷生活。写给富商好友迈克尔·普赫伯格的求助信令人心碎。他同莫扎特一样是共济会的会员。

维也纳仍然对莫扎特很排斥：5 月 7 日，《唐·璜》没能取得成功，这令海顿非常生气。那些曾为马丁·伊·索勒和迪特斯多夫献上掌声的观众，面对这样一部爱情的考验只能以死亡结局的虚构作品，没有表现出太大兴趣。约瑟夫二世观看了该剧最后几场演出中的一场，评论道："这是部不可思议的歌剧，我甚至认为它比《费加罗的婚礼》更妙，但它不符合维也纳人的口味。"莫扎特对此回应道："得给他们一些时间细细咀嚼！"

1788 年夏季，莫扎特仍未停止作曲，似乎在用创作回应命运的打击

这一年到 6 月为止，他最重要的作品是后来被命名为"加冕"的《D 大调第 26 号钢琴协奏曲》，因为这首曲子将于 1790 年在利奥波德二世的法兰克福加冕礼上演奏。3 月 19 日创作的 KV 540《B 小调钢琴柔板》是痛苦时期的情感映射。随着美丽的季节到来，佳作也越来越多。由普赫伯格委托创作的 KV 542《E 大调钢琴、小提琴和大提琴三重奏》标志着这一

高产时期的开始。紧接着他又创作了两部作品。在创作井喷期，最令人惊喜的作品并不是他送给朋友兼债主的 KV 563《弦乐三重奏嬉游曲》，而是他的最后 3 部交响曲。1788 年 6 月 26 日，莫扎特在女儿离世前 3 天，写下了第 39 号交响曲的最后一个音符。7 月 25 日，他完成了 KV 550《G 小调第 40 号交响曲》；8 月 10 日，他创作了最著名的 KV 551《C 大调第 41 号交响曲"朱庇特"》。面对严峻的考验，他努力抗争，最终取得胜利。这种与个人悲剧顽强抗争的意愿，这种在任何情况下都能保持信心的品质，我们如何能不钦佩？这完全符合共济会的哲学信条！莫扎特没有屈服，他用自己的武器，为对他而言世上最重要的东西——音乐——而战。

1790 年 2 月 20 日，约瑟夫二世去世。他的弟弟利奥波德二世（上页图）继承了王位，但这位前任托斯卡纳大公仅执政了两年时间。约瑟夫二世希望在人们的记忆中留下一个关心时代和臣民的君主形象，他毫不犹豫地攻击特权阶级，因此冒犯了很多贵族，利奥波德二世却是一个更加谨小慎微、没那么理想主义的人。与此同时，法国大革命也让局面陷入混乱。

定居维也纳后，莫扎特陆续创作了 17 首钢琴协奏曲，对音乐的掌控达到了登峰造极的高度。

这段狂热的回春期并没有持续太久，接下来的6个月需要为了填饱肚子而奔波

为宫廷而作的《德国舞曲》旋律迷人，莫扎特在创作上花了很多心思，但它们却没有令作者特别满意。范·斯威滕赋予的使命更令他感兴趣：他仍然痴迷于约翰·塞巴斯蒂安·巴赫和亨德尔的音乐，他希望同胞们都能听到他们伟大的清唱剧作品，但他觉得这些作品的配乐不太符合维也纳人的品位，需要进行修改。因此，莫扎特用管乐器取代了《阿

西斯与加拉蒂亚》中的管风琴；而在《弥赛亚》中，他将咏叹调替换为宣叙调。他的资助者对此很满意。这些虽然微小但成效显著的工作，对于这位天才而言根本不值一提。

1789年，康斯坦斯第5次怀孕，家里的财务状况依旧很糟糕。4月出现了一个机会，他过去的一名学生、同属一个共济会分会的卡尔·冯·里希诺夫斯基动身前往柏林，邀请莫扎特同行。他错过了为布拉格创作一部新歌剧的机会，又错过了在德累斯顿宫廷和俄国大使家中开音乐会的机会，因为这一切都不如前往莱比锡的圣托马斯教堂，摸一摸约翰·塞巴斯蒂安·巴赫的管风琴有意思。

4月25日，莫扎特来到波茨坦宫廷。普鲁士国王腓特烈·威廉二世和他的叔叔腓特烈大帝一

约翰·塞巴斯蒂安·巴赫曾担任唱诗班领唱的莱比锡圣托马斯教堂。

腓特烈·威廉二世是一名大提琴手，也是室内音乐的爱好者。

样，都喜爱音乐。他是否如他后来所声称的那样，提供给莫扎特乐长的职位，但被莫扎特拒绝了？能够肯定的是，他热情款待了莫扎特，并请莫扎特为女儿菲德莉卡创作弦乐四重奏和钢琴奏鸣曲。莫扎特只在宫里停留了7天。5月2日，他陪里希诺夫斯基启程离开，再次抵达莱比锡，并于12日在格万特豪斯举办了一场音乐会。一场争吵过后，他与里希诺夫斯基分道扬镳，与人们所预料的不同，他完全没有考虑自身的财务状况，而是再次前往柏林，为皇后演奏。

这段旅程止于 1789 年 6 月 4 日。两个月的旅行没有得到任何回报，回程十分艰难

康斯坦斯的足部严重感染，需要前往巴登治疗。面对未来的巨额花销，他再次向朋友哀求："以上帝的名义，我祈祷并恳求您尽快向我施予帮助，如果您愿意的话。"（写给普赫伯格，7 月 17 日）

8 月，《费加罗的婚礼》重演，为动荡的生活带来了希望。这次演出成功后，皇帝请莫扎特创作一部歌剧。约瑟夫二世亲自选择了歌剧的主题，名为《女人皆如此（恋爱学堂）》，据说灵感来自沙龙上的趣事。达·彭特负责撰写剧本。他们必须尽快完成创作，因为首次排演的时间定在 1790 年 1 月。年底几个月，普赫伯格和海顿密切关注着各项工作的进展，但此时又有新的噩耗传来：11 月 16 日出生的小安娜·玛丽亚仅存活了 1 小时。尽管如此，在共济会兄弟、单簧管演奏家安东·斯塔德勒的请求下，莫扎特仍挤出时间创作了 KV 581《A 大调单簧管五重奏》。这首伟大的作品凸显了单簧管的动人音色，开启了他生命最后两年的创作之路。

尽管萨列里等人从中作梗，《女人皆如此》仍于 1790 年 1 月 26 日上演

这部剧获得了应有的成功，虽然主题有趣，但是晦涩难懂，很多人都未察觉到剧中的残酷性。皇帝的离世中止了这部剧的继续上演。莫扎特失去了一个真正的庇护者，虽然他不够慷慨。继任者是利奥波德二世，他保留了莫扎特的职位，但几乎不怎么关注这位作曲家，特别是在莫扎特需要帮助的时候。莫扎特不仅面临经济困境，健康状况也开始恶化。1790 年，他的作品很少，1 月至 5 月他一首曲子也没有写，5 月他为普鲁士国王创作了最后两首四重奏。

我要向众人介绍莫扎特最新的佳作……昨晚，该剧在皇家剧院进行了首演。只要是莫扎特创作的音乐，一定是超凡的。

《奢侈品和时尚日报》
维也纳，1790 年 1 月 27 日

莫扎特请新任君主任命他为副乐长，他很快得到了这个职位，但也明白对方对自己毫无兴趣：他没有像同事们那样，受邀参加费尔迪南和玛丽－卡罗琳在那不勒斯举办的庆祝活动，也没有

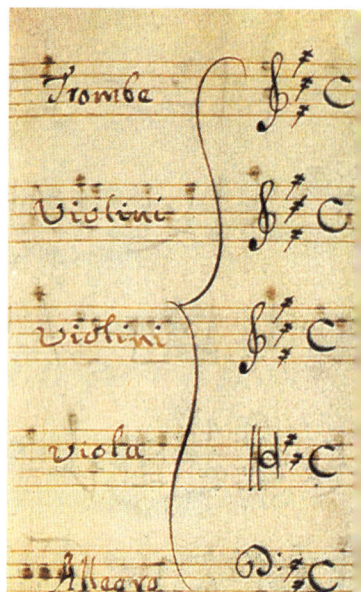

爱情是小偷，爱情是毒蛇。它夺走了人心，但给予人欢乐。

《女人皆如此》，第二幕
多拉贝拉的咏叹调唱段

COSI FAN TUTTE,
LA SCOLA DEGLI AMANTI.

欲望与理性间的冲突是《女人皆如此》的核心内容，莫扎特同时代的人甚至后人都很难理解这部剧的内涵。19世纪，人们甚至用另一个故事替换了原来的剧本。然而，《女人皆如此》含混不清的叙事风格正是它最为现代的特征。

接到参加10月9日在法兰克福举行的加冕仪式的邀请。但他典当了银器和家具，自费前往。

这趟旅途很快以失败告终。但回程路上，他在慕尼黑与卡纳比希、兰姆和同伴们重逢，这为他带来了一些面对未来考验的乐观情绪。

莫扎特生命的最后几个月在痛苦中度过，却迸发出了最丰富的灵感

　　在维也纳的他刚刚得到一个机会：为伦敦创作两部歌剧。但这需要他在英国待上 6 个月。身无分文的他，如何进行这趟旅程？他因此拒绝了这个提议，紧接着又眼含热泪地与被经理人萨洛蒙雇用的约瑟夫·海顿告别。尽管受到一连串打击，莫扎特还是振作了起来。自 7 月以来就没有任何作品的他，又开始投入作曲，同时招收新生。他还考虑再生一个孩子。在 KV 593《D 大调弦乐五重奏》之后，他又创作了著名协奏曲系列中的最后一首——KV 595《降 B 大调第 27 号钢琴协奏曲》，从这些曲子中已感受不到任何痛苦的印记。相反，在细节中，我们还能体会到真正的激情。3 月带来了幸福的讯息。自 1789 年起担任维登剧院经理的埃玛努埃尔·希卡内德，将《魔笛》的剧本交给莫扎特，莫扎特接受了。康斯坦斯再次启程前往巴登。仅仅几天后，她的丈夫在 6 月与她重聚，他十分担心她的健康状况。在此期间，他继续创作。

是童话，是哲学寓言，还是共济会主题的歌剧？《魔笛》不仅兼具上述三种特性，还有着更丰富的内涵。

疾病缠身的莫扎特，将最后的精力献给两部歌剧：《魔笛》和《狄托的仁慈》

　　希卡内德悉心照看着莫扎特，为他在剧院旁边借了一间小房子，供他作曲和娱乐，朋友们都

捕鸟人是我呀，
永远快乐有激情，蹦！
我这个捕鸟人呀，
男女老少无人不晓。

《魔笛》，第一幕
帕帕盖诺的咏叹调唱段

陪着他。7月26日，他的第6个孩子弗朗兹·萨维尔·沃尔夫冈·阿玛多伊斯出生。

几乎在同一时间，莫扎特收到了一封没有署名的来信，请他创作一部安魂曲。这其实是一个拙劣的诡计，引发了很多议论：自诩为作

圣人萨拉斯特罗的原型似乎是伊格纳兹·冯·波恩伯爵。他是共济会会员、著名矿物学家，应玛丽亚·特蕾莎的邀请来到维也纳。为了纪念他，莫扎特于 1785 年创作了《共济会欢乐合唱曲》。

曲家的弗朗兹·冯·瓦尔塞根伯爵，希望能找个人替他为亡妻创作一部安魂曲。送信给莫扎特的神秘人正是瓦尔塞根的管家。莫扎特接受了这个请求，尽管疲惫不堪的他还需要完成《魔笛》的创作，8 月，布拉格国家剧院又请他为 9 月 6 日利奥波德二世继任波希米亚国王的加冕礼创作一部新的歌剧。这部歌剧便是《狄托的仁慈》，剧本由马佐拉在梅塔斯塔塞的作品基础上改编而成，莫扎特用了 18 天完成创作，

即使在旅途中他也在不停地作曲。他又有机会重返他深爱的布拉格了。9 月中旬，精疲力竭的他回到了维也纳。

　　然而，他还需要继续创作《魔笛》，该剧于 9 月 30 日在一个座无虚席的大厅里首演。这个郊区剧场的观众与高档沙龙的观众不同。维也纳的民众，从一开始的排斥，到之后热情越来越高涨，为莫扎特的最后一部歌剧带来了成功。

杰作诞生记

莫扎特一直期待着能够再创作一部德语歌剧，埃玛努埃尔·希卡内德向他推荐了《魔笛》。这部剧取材自泰拉松神父的小说《塞托斯》、弗兰尼斯基的歌剧《精灵王奥伯龙》、格布勒的歌剧《埃及国王塔莫斯》和维兰德文集中收录的利布斯金德的故事《璐璐的魔笛》。希卡内德创作了大部分的诗歌内容，还创造了捕鸟人帕帕盖诺的角色。

人物介绍

《魔笛》的故事中主要有三对人物，首先是帕米娜和塔米诺。年轻的王子与心爱之人一同面对启蒙的考验，爱人也告别了青春期，进入理性和爱的年纪。捕鸟人帕帕盖诺是塔米诺的分身吗？他天真无邪，永远带着孩子气，但若他找不到自己的帕帕盖娜，便会无畏赴死。最后一对是萨拉斯特罗与夜女王：圣人萨拉斯特罗是光明的执掌人，面对黑暗的力量，他最终取得了胜利。

共济会的影响

《魔笛》中的宇宙取材自东方神话，有东方神话特有的怪兽、灵性和蜕变。然而，这部杰出的歌剧中也蕴含了很多莫扎特与希卡内德关注的共济会思想：主要角色所经历的启蒙仪式、古埃及的典故和数字的隐喻都显示了这一点。但可以肯定的是，在这部伟大的作品中，爱情、博爱和智慧是作者最想传递给人们的信息。

在创作《安魂曲》时，莫扎特知道他是在为自己而作吗？

他的身体已不听使唤，他用最后的力气创作了两部巨作：《安魂曲》和应斯塔德勒请求创作的 KV 622《A 大调单簧管协奏曲》。同创作《狄托的仁慈》时一样，他的学生弗朗兹·萨维尔·苏梅耶继续协助他创作。但一切都是徒劳的，葬礼的音乐始终没有完成。11 月底，他已经病得很重了。他的手脚肿胀，身体部分瘫痪，直到去世前夜，他仍然在努力。他最后的创作手稿止于《落泪之日》的开篇。

12 月 4 日，病情进一步恶化。莫扎特知道自己即将离世，但他很平静。牧师们不愿意前往这位共济会会员的床边祷告。当天深夜，他陷入昏迷，12 月 5 日凌晨 1 点前，他离开了人世。

他口中呼出的最后一口气，似乎是在模仿《安魂曲》中的定音鼓声；那个声音仍在我耳边回响。

索菲·海贝尔
（莫扎特的妻妹）

莫扎特死时穷困潦倒，和穷人一样被草草下葬。几位亲友跟随着棺木，但身体虚弱的康斯坦斯没有陪同在旁。他的遗体被扔到乱葬岗，甚至连十字架都没有。

我尚未充分发挥自己的才华，就将结束此生。生命是如此美好，事业的开端是如此幸福，但我们无法改变自己的命运。没有人能知晓自己生命的长度，人们只能屈服于天命，我的一生即将结束，这是我自己的葬礼音乐，我不能让它不完整。

莫扎特，1791 年 9 月

书信

利奥波德的信件是 18 世纪音乐家生活的珍贵记录。自 1769 年起，莫扎特在信中从不隐藏自己的欢乐、痛苦、愤怒和抗争。他的笔触温柔而清晰。

写给姐姐

莫扎特完成了《卢西奥·西拉》的创作。他用特有的幽默风格给姐姐写信。

亲爱的姐姐：

我希望你一切都好。当你收到这封信时，我亲爱的姐姐，就是这一晚，我亲爱的姐姐，我的歌剧将在舞台上演。想想我，我亲爱的姐姐，用尽你所有的想象，我亲爱的姐姐，想象你也看到、听到了这场歌剧，我亲爱的姐姐。这确实很困难，因为已经 11 点了，如果不是因为这个，我相信，你能想象得比在复活节的大白天更清晰。——我亲爱的姐姐，明天我们要去冯·梅耶先生家里用晚餐，为什么呢？你觉得是因为什么？……猜猜看！……因为他邀请了我们。

明天歌剧将在同一家剧场重演。但经理人卡斯蒂格里奥尼先生让我不要告诉任何人；因为如果说了的话，所有人都会涌入剧场，我们不希望出现这种情况。因此，我的孩子，请你不要和任何人说，我的孩子，我们担心太多人跑去看剧，我的孩子。

另外，你听说我们在这儿的冒险经历了吗？……我会讲给你听的。今天，我们离开了费冕伯爵家，回自己家去。我们抵达了家所在的那条街，打开家门，然后……你觉得会发生什么呢？……我们进门啦！

再见了，我的肺！抱抱你，我的心肝，我的胃，我会一如既往地做你忠诚的弟弟。哦！我请你，恳求你，我亲爱的姐姐，我好痒……快帮我挠挠！

沃尔夫冈

1772 年 12 月 18 日，米兰

写给父亲

> 莫扎特和母亲在巴黎的生活是失败的，也是痛苦的，因为母亲安娜·玛丽亚客死他乡。他是否还要继续留在法国？在给利奥波德回信前，莫扎特踟蹰了很多天。

我最亲爱的父亲大人：

……格里姆先生前不久对我说："我应该给您的父亲写些什么？……您是怎么打算的？您是要留在这里，还是去曼海姆？"——我真的忍不住要发笑了……"这个时候我去曼海姆能做什么？……要是我没来巴黎就好了！但如今，我已身处巴黎，我应该为取得成功全力以赴。"——"是的（他说），但我很难相信您能在这里做出什么成绩。"——"为什么？……我在这里看到了很多可怜的人，做着不怎么样的工作，也都成功了，凭我的才能，为何不能成功？"……"没错，但我担心（他接着说）您在这里不够活跃……；您往各处跑得不够勤。"……

这里最令我沮丧的是，这些愚蠢的法国人总觉得我还只有 7 岁，因为他们第一次见我时我就是那个年纪……这千真万确，埃皮纳女士认真地和我说了这件事……因此，这里的人总把我当成初学者对待……；除了音乐界的人看法不同，但那又有什么用呢？大众才是决定一切的！

因此，这就是我如今的打算。我会尽我所能在这里获得成功，多收些学生，尽可能多赚些钱……我现在这么做，是怀着对未来生活发生转变的美好希望；我无法向您隐瞒，相反，我必须承认，若我能脱离这里，我会很快乐。因为在这里授课不是件值得高兴的事……我已对此精疲力竭！但若不多授课，就赚不到什么钱。请别认为我是出于懒惰才这么说……不是的！……只是因为，这件事无法发挥我的才华，也不符我的生活方式……您知道的，我一心一意沉迷于音乐……我可以整天都从事音乐……我愿意思考音乐、研究音乐……我可以完全投入其中……好吧，但在这里，我被生活的琐事困住了……说实话，若我能有几个小时的空闲……相比于工作，我更愿意把这个时间用来恢复精力。

有关歌剧的问题，我已在上封信中阐明了我的想法。我仅有一个想法：我要么写一部大型歌剧，要么什么也不写。若我只写一部小型歌剧，我就只能赚到一点钱（这里什么都要交税）。而且如果这部小歌剧没能取悦那些愚蠢的法国人，那一切都完蛋了……我将不会再有作曲的机会……那样的话，就没有收入了……对我的声誉也会有影响……但若我创作了一部大型歌剧……会有更好的收益……这是我自己的领地，我可以按照自己的意愿创作……我也更有希望获得成功……因为，通过大型作品，我能有更大的机会获得荣誉。——我向您保证，如果我能有机会写歌剧，我没有任何要担心的！——说出这句话的我简直就是个魔鬼！……我确实看到了一些作曲家在创作歌剧时曾遇到的困难……但那不要紧！我认为我能和其他人一样克服这些困难……相反，每当我的歌剧进展顺利，我都感觉身体像团火在燃烧，我的手和脚不住地颤抖，我渴望让法国人更了解、珍视和敬畏德国的音乐。那么，为何不让随便一个法国人创作大型歌剧？……为何要让一个外国人来做？——其中最让人难以容忍的，是歌手的问题……好吧！我已经准备好了……我不想和人吵架……但若我被冒犯，我知道怎么维护自己。——最好不要弄什么决斗……因为我不想和蠢货交手。

沃尔夫冈·阿玛多伊斯·莫扎特
1778 年 7 月 31 日，巴黎

写给父亲

随着事情的发展，与大主教科洛雷多的决裂已不可避免。渴求获得自由的莫扎特迫切想要离开……他挑起了冲突。

我最亲爱的父亲：

我仍然是满腔怒火！……而您，我最亲爱的父亲大人，您一定会站在我这边的……他们长期以来一直在考验我的耐心！……这一切最终会将我溺毙。我不能再这样悲惨地服务于萨尔茨堡的君主……今天对我而言是幸福的一天。您请听好！

已经有两次了……我简直不知道要怎么说……他当面指责我愚蠢而无礼，我没有和您讲，是想要保护您；只是因为……我一直在您眼皮子底下，我亲爱的父亲大人，我才没有当场报复。——他说我下流、浪荡……他让我去见魔鬼……而我……我忍下了一切……我感觉他不仅损害了我的名誉，也损害了您的……但您却希望如此……：这令我很痛苦……现在，请听我说！……

8 天前，突然有封信寄到我家里，让我赶紧离开……此前离开时，我都提前知道日期，但这一次没有……我赶紧把所有东西装进行李箱，然后……韦伯太太热情接待了我，给我提供了住房。——我有一间漂亮的卧室，屋里的人很乐于帮助我，我很快就拥有了独居所需的全部东西。……

今天，当我出现在那时，男仆告诉我大主教有话要对我说……我问是否着急。他回答是的，而且很重要。……当我出现在他面前时……他的第一句话便是：——"欸！这个小伙子啥时候走？"——"我希望（我回答道）今晚

图为萨尔茨堡的汉尼拔广场。莫扎特对家乡的感情走向憎恶，特别是在维也纳的迷人生活开始之后。

离开，但那个职位已经被人占了……"然后他一股脑地说道，……我是他认识的最滑稽、最放荡的人……没有人能比我服务得更差……；他建议我今天就滚，不然他就写信回家要求取消我的全部待遇。——我一句话也说不出，他的怒火不断蔓延……我平静地听他说完……当提到我 500 弗罗林的待遇时，他当着我的面说谎……他叫我浑蛋、穷鬼、蠢货……哦！我没法把一切都写给您……最后，我的血直冲脑门，我说："那殿下是对我不满意吗？"——"什么！这个蠢货居然想威胁我？……门在那！在那里！我不想再和这个可悲的男孩做任何事了……"——最后，我走了：——"我也不想再和您做任何事！"——"那你赶紧滚吧！"——我出门时说："我还有件事情没做：明天您就会收到我的书面辞呈。"

嘿！好吧，告诉我，亲爱的父亲，是否这些话我并不是说得太早，而是说得太晚了呢？……现在，请听着！……对我而言，名誉比什么都重要，我相信对您也一样……不要担心我……我对自己在做的事情很有信心，我本该没有任何理由、义无反顾地离开……但如今，我有了离开的理由，我被他羞辱了3次……我没有什么可以期待的了。相反地，前两次我太胆怯了……；第3次我真的不能继续这样！

只要大主教还在这里，我就不会举办音乐会……至于您认为我在贵族甚至皇帝面前选择了错误的立场，这个看法是完全错误的……这里的人并不喜欢大主教，尤其是皇帝。——他生气的原因在于，皇帝没有邀请他来拉克森堡。——我会在下封信中给您寄些钱，好让您相信我不会饿死在这里。此外，我恳求您能开心点……因为我的幸福由此开始，我希望我的幸福便是您的幸福……请用加密的方式给我写信，告诉我您对这一切都很满意，——您当然也可以，——大声斥责我，但这些内容请用不加密的形式写，这样人们就不会指责您了……

请不要再为我致信特乌斯之家了，也不要派人传口信……我不想再听到有关萨尔茨堡的任何事情了……我对大主教恨之入骨。——再见了……吻您一千遍，亲吻我亲爱的姐姐，我永远是您听话的儿子。

1781 年 5 月 9 日，维也纳

写给父亲

由于莫扎特要求对斯泰法尼的剧本进行修改，《后宫诱逃》的创作工作持续了将近一年。他向父亲阐述了他对于音乐与唱词之间关系的看法。

我最亲爱的父亲：

……在歌剧中，唱词应当是旋律的顺从的女儿……为何即便意大利喜歌剧的剧本里充斥着悲惨的故事，但在各地都很受欢迎？——哪怕在巴黎也是如此……我亲自见证了这一切。——那是因为，音乐占据了毫无争议的统治地位……人们便会忽略音乐以外的内容。

没错，歌剧必须令人愉悦，故事的架构是锦上添花；歌词是为音乐而作的，无论在何处，都不应该仅仅为了满足押韵的需要而写（上帝啊，那样的歌词会很糟！押韵并不会为戏剧增彩，反而可能破坏它），这样的歌词……甚至会影响到整个唱段，扭曲作曲家的想法。韵文本身是好的，这对于音乐而言也不可或缺……但押韵嘛……过分追求押韵是有害的……那些在创作中过于迂腐的人，总会令他们和他们的音乐晦暗不堪。——最好的情形是，一名理解戏剧并能提出自己想法的优秀作曲家，遇到一位明智的诗人，那便是尽善尽美……在这种情况下，我们就完全不必担心无知者的看法！诗人们的作用，在我看来和小号差不多！……如果我们这些作曲家总是墨守成规（这么做在过去是对的，因为当时我们没有其他更好的办法），我们就只能做出平庸的音乐，就像他们只能写出平庸的歌词一样……

我觉得，我已经充分解释了之前的一系列蠢事；我要告诉您，我心里最关心的事是您的健康，我伟大的父亲！……

我希望我的姐姐能一天比一天更

利奥波德是与他通信最多的人。

好……我全心全意地吻她，我亲爱的伟大的父亲，吻您的手一千次，我永远是您听话的儿子。

沃尔夫冈·阿玛多伊斯·莫扎特

1781 年 10 月 13 日，维也纳

写给普赫伯格先生

莫扎特的身体和经济状况都在不断恶化。他给普赫伯格写了很多信借钱，这似乎是他面对困境的唯一求助方式。

现在到了一个能决定我整个未来的关键时刻，我再一次，也是最后一次向您求助，我心怀对我们友谊的信心，相信您对我有着兄弟般的情感。我请求您尽您所能地向我提供帮助。

您应该知道我现在的情况，但若大家都知道了我的情况，将不利于我出入宫廷……；因此，我的情况需要保密。因为在宫里，人们并不通过具体情形来评判他人，而仅仅通过外表，唉！另外您知道的，而且您也肯定相信，如果您像我所期待的那样，满足了我的请求，您也不会失去任何东西……能有机会偿还对您的债务，我将会很高兴！……我会很高兴地感激您！……您将永远得到我的感谢！……若达成了这一点，这将是多么令人愉快啊！……若能得到您的帮助，将是多么神圣的一件事呀！……我泪流不止，无法继续写下去了……简而言之！……我未来的全部幸福就在您的手中……请跟从您高尚的心灵……尽您所能，去帮助一个永远诚实、心怀感激的男人，您的所作所为将会比他本人的所作所为更有可能让他的处境陷入痛苦！

莫扎特

维也纳，1790 年 4 月（？）

写给妻子

> 康斯坦斯定期前往巴登治疗。莫扎特每天都给她写信：她似乎是他唯一的牵挂和最关切的人。

最心爱的、最棒的小女人：

你到目前为止只收到了我的一封信，请原谅我。原因在于：一位名为N.N.的男士经过维也纳，我需要跟住他，不让他走掉……每天早上7点以后，我都待在他家。

另外我也希望，你已经收到了我昨天写的信……

如今的我仅有一个期望：希望我的事情赶紧处理好，好让我来到你的身边。你无法想象，这段远离你的日子有多煎熬！……我无法说清楚我的感受，那是一种空虚的感觉……它令我很难受……这种渴求永远得不到满足，也永远不会停止……它一直持续着，甚至与日俱增。——我们在巴登共度的孩童般的日子是多么快乐……而我在这里的日子又是多么悲伤而无趣！……即便是工作也无法再吸引我，因为我早已习惯每天起床时和你说上两句，但不幸的是，现在我无法获得这种满足感了……有时我会弹会儿钢琴，唱几句歌剧的唱段，但马上便会停下来……：这会勾起我太多的情感！……亲爱的！……只要我的事情一解决，我就会马上离开这里！

我没有什么新鲜事要写给你了。……再见，最亲爱的小女人。

永远是你的

莫扎特

1791年7月7日，维也纳

同时代人眼中的莫扎特

谈到莫扎特，很多见过他的人，无论是亲人还是陌生人，都对他的童年经历很着迷。莫扎特的童年有着无法解释的谜团：极高的天分。

1793 年，莫扎特的姐姐索恩伯格男爵夫人回到萨尔茨堡，写了这篇关于她弟弟的文章。

小莫扎特刚开始弹钢琴，就已经是一位技艺娴熟的大师了。在非常复杂的旋律中，他能察觉微小的不和谐之处，并能马上指出是哪种乐器出错了，甚至能说出正确的音符。在听演奏的时候，他会因为微小的噪音而恼火。简而言之，只要音乐继续，他的世界里就只有音乐；音乐一结束，他就变回了小孩子。从来不需要逼着他作曲或演奏；相反，大家总试图让他不要那么专注于音乐。否则，他从早到晚都会坐在钢琴前或作曲。

作为一个孩子，他渴望学习自己所见到的一切。他在绘画和算术上也很有天赋，但他太专注于音乐了，没能在其他领域发挥天赋。

沃尔夫冈矮小、瘦削、肤色苍白，在外表和身材上没有过人之处。在音乐之外的领域，他几乎一直像个孩童，这构成了他的主要性格特征，也是他的弱点。他始终需要父亲、母亲或导师在旁。他没有能力管理金钱，他违背父亲的意愿，娶了一个不适合他的年轻女子为妻；这也是他死时和死后家中生活一片混乱的原因。

玛丽亚·安娜·莫扎特
《见过莫扎特的人们讲述》
摘自普罗多姆文选
斯托克出版社，1928 年

利奥波德·莫扎特的好友、萨尔茨堡宫廷小号手安德烈亚斯·沙赫特纳在写给玛丽亚·安娜·莫扎特的一封信中谈到他有关小莫扎特的回忆。

尊敬而高贵的女士：

……针对您的问题：除了您已故兄弟从事的音乐工作，他幼时喜欢玩些什么？——对于这个问题，我真的答不上来：事实上，从他踏足音乐的那一刻起，他的所有感官似乎已经对其他事情关闭了，即便是用于取乐的孩子气的小游戏，也都是与音乐相关的。……

夫人！您可能还记得，我曾有一把非常好的小提琴，沃尔夫冈总称它为"黄油小提琴"，因为它的音色十分柔和圆润。1763 年初，你们从维也纳回来后不久，有一天他拉了这把小提琴，但并没有说太多赞扬的话；一两天过后，我便看到他用自己的小提琴拉得很开心；他对我说："您的黄油小提琴与我的有什么不同呢？"他继续思索着，片刻之后说："沙赫特纳先生，上次我演奏您的小提琴时，您把音调得比我的小提琴低了四分之一个音。"我先是笑起来，但做父亲的了解孩子对声音的超凡感觉和记忆力，他让我找来我的小提琴，验证孩子的话是否正确。我照做了，他说得完全正确。……

差不多在他 10 岁那年，当人们单独演奏小号，不增加任何配乐时，他会产生一种莫名的恐惧。只要看到一个小号，他就会害怕起来，就像有上膛的手枪抵在他心脏上一样。他父亲希望把他从这种幼稚的恐惧中解救出来，有一天他父亲不顾他的拒绝，让我在他身边演奏小号；结果，上帝啊！我不该听他父亲的话。沃尔夫冈刚听见小号的明亮音色，就开始晕厥，若我继续演奏下去，他肯定会抽搐的。……

您的忠实仆从，宫廷小提琴手安德烈亚斯·沙赫特纳
1792 年 4 月 24 日，萨尔茨堡

英国法官、考古学家、博物学家戴纳·巴灵顿（1727—1800）将他对莫扎特的观察报告寄送给皇家学会。

先生：

如果我向您讲述一个仅有 8 岁、7 足高的孩子的真实故事，毫无疑问，这并不值得皇家学会关注。

今天我恳请您，向博学的学会介绍一名非凡的音乐天才。他十分早慧，我认为他能够引起皇家学会的注意。……

我听说他在弹奏钢琴时常常有各种音乐上的想法，哪怕深夜也是如此，于是我告诉他的父亲，我很希望听一下他的即兴演奏。

他父亲点点头说，这完全取决于他的音乐灵感，但我可以问问他，是否可以进行这种类型的创作。

我知道英国著名歌唱家芒佐里曾在 1764 年对小莫扎特给予了高度评价，于是我对孩子说，我想听他即兴弹奏一首情歌，就像他的朋友芒佐里在歌剧中唱的那种。

孩子坐在钢琴前，淘气地环顾四周，便开始用 tra la la 作歌词，唱了五六句宣叙调，作为情歌的引子，然后他以咏叹调的格式，用钢琴演奏了一段符合爱情主题的序曲。这首咏叹调分为两个部分，两段之间配有间奏，与一般歌剧中的咏叹调长度相同。尽管这首即兴作品并没有超凡到令人震惊的程度，但也大大超出了平均水准，显示出作曲人的非凡技艺。

由于我认为他很在状态、灵感丰富，我又请他创作一首表达愤怒的咏叹调，就像歌剧中唱的那样。孩子又一次环顾四周，神情非常调皮，他从五六句宣叙调开始，引出愤怒的咏叹调序曲。这首曲子的长度和刚才的情歌差不多，在这过程中，孩子表现得非常兴奋，他像被鬼上身一样猛敲键盘，时不时地从凳子上站起来。他为第二段即兴创作选取的主题词是"完美"。

之后，他弹奏了一首一两天前刚写好的高难度曲子。他的演奏技巧惊人，因为他的小手只能勉强够到琴键上的 5 度。

光靠大量的练习，不足以形成他令人震惊的技艺：他对于作曲规则有着深刻的理解。我们随便给他一首歌，他能立刻写出歌曲的低音部分，我们试着将两部分配到一起，效果非常好。

他熟练掌握转调和指法：他从一个调转到另一个调的过程非常自然而丝滑，他可以在用布盖住的键盘上演奏很长时间。

我目睹了上述全部。我还要补充一件事，有两三个娴熟的乐手和我说，著名作曲家约翰·塞巴斯蒂安·巴赫有次突然停下正在弹奏的赋格曲，小莫扎特立刻接着弹下去，并且非常精妙地完成了。

见证过这些非凡的事情后，我不禁怀疑他父亲是否隐瞒了孩子的真实年龄，但他的外表完全就是一个小孩子，他的所有行为也都符合他的年龄特征。例如：他在为我演奏序曲时，突然来了一只他很喜欢的猫；他马上甩开琴键跑走，我们用了好一会儿才把他捉回来。有时，他会用棍棒当马，在房间里骑着跑。

我还注意到，大多数伦敦的音乐家对他的年龄有看法，他们认为如此年幼的一个孩子不可能超越大多数音乐大师。

摘自普罗多姆文选

莫扎特的保护者、坚定崇拜者格里姆男爵在文学通信中，描述了同样的奇迹。

真正的奇迹是罕见的，若我们有幸看见，我们便会谈论它。萨尔茨堡的一位姓莫扎特的宫廷乐师，前不久带着两个世上最漂亮的孩子来到这里。他11岁的女儿弹奏钢琴的技艺非常高超；她弹奏了一些很难的大型作品，精准度极高。她的弟弟到1月将满7岁，他是一个非同寻常的孩子，我们很难相信自己双眼看见的和双耳听到的。这个孩子的小手只能勉强够到6度，却能准确弹奏最困难的作品；更令人意想不到的是，接下来的一个小时，他完全沉醉在脑中天才般的灵感里，想法一个接一个地往外冒，他还能将这些灵感一个个串联起来，很有音乐品位，而且丝毫不乱。……

我们提供了很多材料，但他几乎不怎么用得上：作曲对他而言很轻松，他完全不需要用琴键配和弦。我写下一首小步舞曲，请他为曲子配上低音部分；孩子拿起羽毛笔，没有弹奏琴键，直接为我的小步舞曲配上低音。……

虽然我已听说过他的事迹了，但当这个孩子让我转过头之前，我本不抱什么希望；他让我意识到，看见奇迹时很难抑制自己发疯的冲动。我从此能够理解，圣保罗为何会在看到奇怪的幻象后失去理智。所有见过莫扎特先生的孩子们的人，都会钦佩不已。皇帝和皇后款待了他们；他们在慕尼黑和曼海姆的宫廷也受到了同样热情的接待。可惜的是，这个国家的人对音乐知之甚少。他们父亲便提议经由此处去英国，然后带着孩子们前往德国南部。

1763 年 12 月 1 日

15 年后，格里姆劝利奥波德不要再让他的儿子继续留在巴黎碰运气。

他情绪低落，不够活跃，不善于抓住机会，不热衷于寻求能赚钱的门路。想在这里取得突破，他必须机智、进取、果敢，我宁愿他减少一半的才华，增加一倍的人际交往能力，那样我就不会如此无奈了。在巴黎，他只有两条路可走，第一条是教钢琴课，但这里的学生总是流连于各种活动，有些甚至是骗子，我不确定他的身体状况是否能够支撑下去，因为这份工作太累了，需要奔波于巴黎各处，还需要讲个不停。此外，他也不喜欢这份工作，因为这会影响他的创作，而他将作曲看得比什么都重要。……

1778 年 7 月 27 日，巴黎
摘自普罗多姆文选

莫扎特与共济会

莫扎特 28 岁加入共济会。在他生命的最后几年，共济会的兄弟们从精神、物质和道义层面带给他安慰。

很多人都写过有关莫扎特与共济会的文章。1784 年 12 月 14 日，沃尔夫冈在维也纳慈善分会接受了工徒阶段的启蒙，该分会的会长是奥托·冯·格明根–霍恩伯格男爵。1778 年初，莫扎特前往巴黎之前，在曼海姆居住期间结识了他。他是位作家，喜爱并翻译了很多莎士比亚、卢梭和狄德罗的作品，正是在他的引荐下，莫扎特第一次接触到了共济会（但应该只是表面上的接触）。有人认为，沃尔夫冈在法国首都逗留期间，通过他和选帝侯驻巴黎的部长冯·西金根，见到了另一位音乐家兼共济会会员——弗朗索瓦–约瑟夫·戈塞克。1778 年底，沃尔夫冈第二次在曼海姆停留，他和冯·格明根男爵共同参与了根据伏尔泰作品《塞米拉米斯》改编的音乐剧，男爵本人创作了剧本。

1717 年 6 月 24 日，在圣·让–巴蒂斯特的支持下，英国伦敦成立了共济会总会，之后共济会运动快速在欧洲和美洲蔓延。共济会在德国发展顺利，弗朗索瓦·德·洛林（未来的弗朗索瓦一世国王，1736 年迎娶玛丽亚·特蕾莎）于 1731 年加入共济会。尽管 1738 年教皇对共济会进行了强烈谴责，但之后共济会得到了宽恕并被正式承认，第一个维也纳分会于 1742 年成立。从 1765 年起便参与共同执政的约瑟夫二世在 1780 年继承母亲玛丽亚·特蕾莎的皇位（后者公开反对共济会），在他的命令下，到 1785 年维也纳仅剩三个分会。

在那个对道德和精神充满疑问的时代，教会被赋予了太多的政治和社会属性，无法就这些问题给出合理的解答。如今的人们很难想象，当时的共济会是如何聚集了如此多的知识精英。受到中世纪社团主义传统的影响［主要是建筑业和泥瓦匠业的传统，共济会的名称（franc-maçonnerie）因此而来］，以及追溯到古埃及的启蒙仪式的启发，共济会在宗教教义之外，吸收了启蒙

《共济会欢乐合唱曲》卷首。

时代的人文主义思想。开放的思想和为人类谋幸福的终极目标（这与引领法国大革命取得胜利的思想很相似），很容易吸引像莫扎特这样情感丰富的人。

他其实已经与共济会接触了很长时间，早在 1767 年，他就根据共济会的文本，在维也纳创作了《欢乐颂》，以感谢帮他治愈天花的医生。与麦斯麦医生、《塔莫斯》作者格布勒、冯·格明根、巴黎宗教音乐协会负责人勒·格罗、范·斯威滕、矿物学家伊格纳兹·冯·波恩伯爵等人的交往对他的人生产生了重大影响，并促使他于 1784 年走上了启蒙之路。共济会热情接纳了他，1785 年 1 月 7 日，在加入共济会不到一个月之后，他成为工员，4 月 22 日他升级为工师。1785 年 3 月，利奥波德加入了同一个分会；2 月 11 日，约瑟夫·海顿也入了同一个分会。这一切令人不禁思考，他们二位是受沃尔夫冈影响而入会的吗？

在 1773 年的《埃及国王塔莫斯》中，太阳牧师直接象征着受到启蒙哲学启发的共济会会员；而在被视为莫扎特最后一部歌剧作品的《魔笛》中，人物启蒙的轨迹是合乎逻辑的线性，这表明莫扎特加入共济会是一步步深思熟虑的结果，而不是出于一时冲动。

米歇尔·帕鲁蒂

您是说莫扎特吗？

他是音乐家、作家、哲学家；即便在这个大众似乎已经淡忘了莫扎特的年代，仍有很多人将目光转向他。不同年代、不同人士笔下的莫扎特，究竟是展现着同一个人物，还是仅仅将莫扎特当作一面镜子，映照出他们自己的担忧、疑惑和希望？

19 至 20 世纪，作曲家们常聚在一起赞美莫扎特的作品。他的作品形式完美，只有带着永恒的鉴赏力，才能欣赏这种美。

音乐是不需要依附任何科学设备的。在音乐中，我们可以谦卑地寻找快乐，可能会在限定范围内发现绝美的事物。过于复杂的事情是与艺术相违背的。美应该是感性的，它能带给我们即时的享受，它会强行或悄悄来到我们身边，我们并不需要努力地抓住它。看看莱昂纳多·达·芬奇或莫扎特吧！他们都是伟大的艺术家！

克劳德·德彪西
《八分音符先生》
伽利玛出版社

如果说贝多芬晦涩难懂，似乎缺乏统一性，这其实是他的一个狂野特性，是值得人们尊敬的；他主动丢弃了长久以来的准则。但莫扎特永远不会这么做。每个部分都有各自的步调，不同部分之间和谐一致，完全嵌入其中，组成一首完整的歌曲。这便是音乐中所说的"对位"。

肖邦眼中的莫扎特
欧仁·德拉克罗瓦《日记》
普隆出版社

我们可以说，莫扎特不仅创作出了最高水平的旋律，而且他笔下的旋律达到了古典音乐的极致，具有明确的历史性意义，人们认为后人想要超越他是不可能的。但恰恰相反，我们必须打破音律的规则，缓慢前行。……

对于那些希望将毕生奉献给作曲的人而言，这一情形令人无法忍受。有时，我们也试图回顾莫扎特的美，而这种怀旧不也令我们自己很感动吗？这便是当代世界的一个残酷悖论，我们这些音乐家总是一面寻找一面排斥着莫扎特音乐世界的美。……

没错，莫扎特的神圣和温柔带给了我们独特的美，但在当今世界的不断拉扯中，我们应该如何对待这种美？我们能用这种美来做些什么？它对我们有何益处，我们是否应该反过来质问自己的残忍？从历史的角度看，这是一场诚实而体面的交流。对于这种美，我们无能为力；他对于他所不熟悉的我们的残忍，也无能为力。

或许我们只是"离开了""像幼虫或鼹鼠般躲在土里"；或许，终于，"一万年后的某一天……"这两种冲突、两种错误、两种不可能或者说两种可能，能融合起来创作新的一首也是最后一首曲子……也许是一首永恒的作品。还是说，骑士长把我们和唐·璜一起，永远埋没在了深渊里？

我们应该如何看待诚实与道德？似乎一切都可以拿来交易，一个人可以给另一个人他从第三方那里得到的东西，作曲家在承袭了一种美之后，创造出另一种美然后传递给其他人或某些人，而人们并不为这种现象感到担忧。没有道德，没有博爱，也没有与他人交流的途径；只有莫扎特作品中所体现

的内在的美——这种不可抑制的非理性的美，才被赋予了某种永恒的意义。

为何我们没有出于勇气、意愿或谨慎，去攻击这种美呢？我们已经不知道该如何创造它了……甚至都想象不出……因为我们知道——我们并不是不想这样。创造者既是小偷又是告密者，这场关于美的冒险是玄妙而晦涩的。

让·巴拉盖
《莫扎特，天才与现实》
阿歇特出版社

作家们似乎最看重照亮莫扎特音乐世界的欢乐，这是一种宁静的欢乐，指向最纯粹的精神境界。

从哲学的层面评判莫扎特，我们会惊奇地发现，他的成就不仅仅局限于创造了众多伟大的作品。可以说，从未有如此多的偶然，成就一个天才的灵魂。这些令人惊叹的特质组合成了莫扎特，如今意大利人称他为"天才怪物"。

司汤达
《关于莫扎特的评述》
蒙蒂塞洛，1814 年 8 月 29 日当莫扎特开心时，他会一直保持高贵；他不是一个喜欢吃喝玩乐的人，不是一个像罗西尼般聪明的享乐主义者；他从不掩饰自己的感情；他不满足于庸俗的快乐；他的快乐中有一种极致的细腻；他有的时候能做到这些，那是因为他的灵魂是敏锐的，作为一名伟大的艺术家，他就像一个完备的乐器，没有缺少一根弦。但最根本的原因在于他对完美和幸福美感的极致热爱。（丹纳，1893 年）

莫扎特的快乐是一种持久的欢乐。舒曼的欢乐好似两场哭泣之间的短暂狂喜。而莫扎特的快乐是宁静的；他的乐句就像一个安静的想法；他的简单源于纯洁；就像水晶般透明；所有的感情都被揉进了音乐里，但似乎它们已经被很好地平息了。朱伯特说："克制就是让自己像天使一样被感化。"想到莫扎特，便能理解这句话了。（1910 年 12 月 1 日）

莫扎特是那个时代离我们最远的音乐家；他刚张口说话，公众便会尖叫不已。

安德烈·纪德，《日记》
《七星文库》
伽利玛出版社

莫扎特是个虔诚的教徒，他的信仰程度已经不局限于参与简单的天主教日常仪式。像所有笃信宗教的人一样，他眼中的耶稣基督是真实的、完整的，不可超越、不可名状的。当莫扎特创作独唱曲《降生成人》、经文歌《圣体颂》等关于耶稣基督的作品时，他的歌曲唱颂的是基督，而不是我们的人性。莫扎特已经丢掉了自我。他并不像巴赫那样达到自己的顶峰，如同摩西抵达西奈山的顶峰一般；他在狂喜中失去了知觉。更令人惊讶的是，当莫扎特的音乐才华已经到达登峰造极的程度时，我仍能感受到他脑海中的眩晕。若我们利用目前尚不完备的心理分析工具，深入研究这种情形，我们或许可以解释否定艺术的神秘主义与艺术中最高形式的艺术之间的关系。……

童年莫扎特和父亲。

他在宗教领域是一个天才，但也有反宗教的一面（《魔笛》是否受到了法国大革命中推崇理性的思想影响？），他不属于任何一个思想范畴——就像莎士比亚，既是无神论者，也是宗教信徒、教会成员、术士。我们没有太多办法去衡量这些人物。我们的个体太过渺小，社会中的巨大不幸压垮了我们。

我在莫扎特身上看到了古典音乐的现代属性。他透过痛苦和坚韧，从超越人性的高度，满足了我们内心最好的、最不甘堕落的灵魂的渴求。他带给我们的比其他任何音乐大师都更多，除了约翰·塞巴斯蒂安·巴赫。……

莫扎特对他的出生地萨尔茨堡有着强烈而持久的厌恶。"您知道的……萨尔茨堡对我而言是个多么可恶的地方！……在其他任何地方，我都能过得更有希望、更幸福……这便是我这个同胞真正的看法！"（1778 年信件，写于巴黎）当我们漫步于美丽的萨尔茨堡时，我们感受到的不仅是美第奇家族的萨尔茨堡，还有充满田园诗意的绿野，庄重、亲切而轻盈；同时也能看到它黑暗的一面，比如那些盐矿和地下墓穴的巨大岩壁；这可能是皮拉奈斯青睐的城市；我们也一定能感受到这座城市的特性与莫扎特的才华之间的相通之处。这意味着什么？莫扎特所憎恨的，也是他所深爱的，这些东西将他的血液和当地的土壤联结在一起。我看向朗杰为他绘制的肖像，那是一个强大、立体但极度焦虑的人物。他的女性特质令人惊讶，也引人恐慌。他与故土间的纷争，就如同他与母亲和出身之间的矛盾，似乎突然就刻在他沉重的眼神中。但是，他的整张脸就像太阳一般熠熠生辉。这不正像他与母亲之间痛苦而苦涩的决裂吗？后来的他不也吸收了这种源于母性的力量，并通过与太阳结合来实现自我救赎吗？父亲救赎母亲、朱庇特的选择、《魔笛》中的启蒙，这便是莫扎特的命运轨迹。他在情感中幼稚的一面，在行为中温柔的一面，随着心中的天使慢慢死去，透露出黑暗的一面；他的早慧、锋芒毕露的才华，甚至是他短暂的生命，都能够在最伟大的悲剧中得到解答。伟大的唐·璜正站在十字路口。莫扎特降临地球，走过这些路，是为了不爱、不接受、不持久——但同时也是为了爱，为了得到更多的爱。真正的莫扎特死于童年。直到临死前，他身上仍有着奇迹般的孩子气。他以这种奇妙的方式死去，好似童年得到了最后的滋长（《魔笛》被视为他最孩子气的作品），他拥有一段世上独一无二的命运。

皮埃尔－让·茹弗
《莫扎特的唐·璜》
普隆出版社

歌剧的传奇

莫扎特用当时流行的 3 种歌剧形式——德语歌唱剧、意大利语喜歌剧和正歌剧（悲剧），共创作了 17 部歌剧作品。部分作品是音乐领域的顶尖之作。

《魔笛》

二幕歌剧

人物

萨拉斯特罗

塔米诺

辩护者

夜女王

帕米娜，夜女王之女

夜女王的 3 位侍女

3 位仙童

帕帕盖诺，捕鸟人

帕帕盖娜

摩诺斯塔托斯，摩尔人

第一幕

塔米诺王子被一条蛇追赶，夜女王的 3 位侍女将他救下。捕鸟人帕帕盖诺并没有施救，却谎称自己救了他。帕帕盖诺来到塔米诺身边时，侍女们带

莫扎特在萨尔茨堡创作《魔笛》的小屋。

来了一张夜女王的女儿帕米娜的画像，她被萨拉斯特罗囚禁了。为了惩罚帕帕盖诺撒谎，她们用一把金锁禁锢住他的嘴。夜女王现身了。她承诺，若塔米诺救出她的女儿，就将女儿交给他。夜女王的侍女们为帕帕盖诺解开锁，给他一套铃铛，给塔米诺一支魔笛，用来保护他们。

　　在萨拉斯特罗的宫殿里，摩尔人摩诺斯塔托斯追逐着帕米娜。他被及时赶到安慰帕米娜的帕帕盖诺吓了一跳。与此同时，3 位仙童带领塔米诺进入了自然神庙、理智神庙和智慧神庙。得知自己很快就能见到帕米娜，塔米诺高兴地吹奏起魔笛，引来动物们聆听。为了摆脱摩诺斯塔托斯派来追捕他们的奴隶，帕帕盖诺摇响了铃铛，但萨拉斯特罗出现了。他安慰了帕米娜，并请她不要再去见她的母亲。摩诺斯塔托斯抓着塔米诺上场。王子与帕米娜一见倾心。

第二幕

萨拉斯特罗请求伊希斯神和俄塞里斯神庇护塔米诺和帕米娜。对王子和帕帕盖诺的第一个考验是沉默。尽管夜女王的 3 位侍女百般阻挠，他们还是经受住了考验。夜女王命令女儿杀死萨拉斯特罗，并递给她一把短剑。摩诺斯塔托斯回到帕米娜身边，威胁要揭发她，但萨拉斯特罗赶走了他。他再次向女孩保证：他并不想报复夜女王。对塔米诺和帕帕盖诺的考验仍在持续。一位老妇人对捕鸟人说，自己是他的情人帕帕盖娜，但她很快就消失了。塔米诺仍然保持沉默，在帕米娜面前也一言不发，这令她十分绝望。帕帕盖诺再次找到了老妇人，她变成了一个迷人的年轻女孩，但对捕鸟人的考验还没有结束，她再次消失了。

帕米娜感到非常痛苦，试图自杀。3 位仙童阻止了她，带她去塔米诺那里，进行最后的考验——水与火的考验，他们一起取得了胜利。帕帕盖诺找不到帕帕盖娜，试图自缢。但在 3 位仙童的建议下，他摇响铃铛，帕帕盖娜再次现身。

夜女王劝服摩诺斯塔托斯，让他协助绑架帕米娜。但在光明面前，黑夜失去了力量。终于在一起的帕米娜和塔米诺发现了真相。

首演

维也纳维登剧院：1791 年 9 月 30 日

弗兰兹·萨尔维·盖尔饰萨拉斯特罗

贝内迪克特·沙克饰塔米诺

约瑟法·霍普弗饰夜女王

安娜·戈特利布饰帕米娜

埃玛努埃尔·希卡内德饰帕帕盖诺

芭芭拉·盖尔饰帕帕盖娜

约翰·约瑟夫·努塞尔饰摩诺斯塔托斯

该剧由作曲家亲自执导

巴黎演出

巴黎歌剧院：1861 年 8 月 20 日，兰希尼特根据莫雷尔·德·谢夫德维尔的剧本《伊希斯之谜》改编创作

巴黎抒情歌剧院：1865 年 2 月 23 日

巴黎喜歌剧院：1879 年 4 月 3 日

巴黎歌剧院：1922 年 12 月 22 日

> 康斯坦斯的第二任丈夫乔治·尼古拉斯·冯·尼森是最早为莫扎特写传记的作家之一。正是因为他，人们才误认为《魔笛》是由陷入绝境的希卡内德指挥的，甚至还认为希卡内德毫不犹豫伤害了自己的朋友。

这位可怜的剧团经理催生了这部杰作，他让莫扎特贡献出自己的才华，希望通过莫扎特的加入，挽救即将破产的剧团。这名处在困境中的导演名叫希卡内德，他同时也是剧作家兼演员。1780 年，他带领剧团前往萨尔茨堡演出时结识了莫扎特，他相信自己能够寻求莫扎特的合作，让莫扎特解救自己。奥托·雅恩所写的莫扎特的伟大传记中，详细描述过希卡内德：他生于雷根斯堡，父母很勤劳，他自年轻时就开始从事戏剧，并在自己创作的戏剧中扮演主角。

尽管用尽了所有可能的努力，希卡内德的条件依旧不宽裕，当他在 1791 年找到莫扎特时，这个可怜的恶魔即将滑入悲惨的深渊。"救救我，"他对莫扎特说，"请同意为我的剧团写一部受欢迎的歌剧。我已经找到了一个能够吸引观众的绝佳主题。"他向莫扎特展示了一首从维兰德的神话中节选的诗歌，他已经将其改编成剧本。他将这部作品命名为《魔笛》……

乔治·尼古拉斯·冯·尼森

我们认为，在情节复杂的戏剧中，没有哪一部能比莫扎特的这部幻想剧更孩子气、更错综复杂的了。……

保罗·杜卡斯

《女人皆如此》

二幕戏剧

人物

费奥迪莉姬，菲莱利夫人

多拉贝拉，费奥迪莉姬的妹妹

黛丝比娜，姐妹俩的女佣

费朗多，多拉贝拉的爱人

古列尔摩，费奥迪莉姬的爱人

唐·阿方索，老哲学家

事件发生于那不勒斯

第一幕

在那不勒斯的一家咖啡馆里，唐·阿方索与古列尔摩、费朗多两位朋友谈论女人的忠诚度。两位年轻人都很相信他们的未婚妻——费奥迪莉姬和多拉贝拉。唐·阿方索建议他们考验一下未婚妻。在女佣黛丝比娜的帮助下，他告诉两位年轻女士，她们的未婚夫马上要去前线参战。她们伤心欲绝，温柔告别了未婚夫。他们刚离开，唐·阿方索就带领两个年轻的阿尔巴尼亚人闯入，向惊慌失措的姐妹示爱，她们没有认出这两位由爱人假扮的阿尔巴尼亚人。为了更快达到目的，费朗多和古列尔摩假装服毒。黛丝比娜假扮成医生，救活了他们。两对未婚夫妇明显遇到了麻烦。

第二幕

在黛丝比娜的鼓动下，两对新情侣开始组成。两位假扮的阿尔巴尼亚人即将诱惑成功：多拉贝拉同意用项链交换古列尔摩送的浮雕。费奥迪莉姬仍然拒绝求爱。古列尔摩的胜利令他的朋友很伤心，他相信了女人容易移情别恋。事情变得越来越复杂，在黛丝比娜和阿方索先生的怂恿下，费奥迪莉姬决定去战场寻找未婚夫。费朗多假装非常绝望，她因此放弃了抵抗，在远处观看这一切的古列尔摩愤怒异常。

两位年轻男士都想解除婚约，但阿方索劝他们说，女人皆如此。

晚餐时，两对新人举杯庆祝他们的爱情。黛丝比娜假扮成公证人，举办一场假的婚礼，但此时宣告出征战士归来的号角响起。费朗多和古列尔摩走了进来，姐妹俩冷冰冰地迎接他们，令他们很震惊。黛丝比娜卸下伪装，姐妹俩才发现自己被愚弄了。两对情侣和好如初，但他们还会抱有幻想吗？

首演

维也纳城堡剧院：1790 年 1 月 26 日

文森佐·卡尔韦西饰费朗多

弗朗切斯科·贝努西饰古列尔摩

弗朗切斯科·布萨尼饰唐·阿方索

阿德里安娜·费拉蕾丝饰费奥迪莉姬

露易丝·维尔纳夫饰多拉贝拉

萨尔迪·布萨尼饰黛丝比娜

该剧由作曲家亲自执导

巴黎演出

巴黎意大利语歌剧院：1809 年 2 月 1 日

巴黎喜歌剧院：1920 年 6 月 26 日，法语版

巴黎歌剧院：1974 年 5 月 17 日

尽管一些浪漫派作家写到过莫扎特，但到了 19 世纪，莫扎特已被人淡忘，被埋没在根深蒂固的传说中。到了如今的时代，人们又找出了莫扎特的作品，并发现了他现代的一面。音乐家雷纳尔多·哈恩是推动这一复兴浪潮的主要人物之一。

《女人皆如此》的剧本由达·彭特创作，风格平实而通俗。它的剧情单一，同样的情形不断上演，拖拖拉拉。人物角色也不太讨喜：两个轻率的蠢女人，两个笨拙的未婚夫，一名活泼的女佣和一个爱开玩笑、爱质疑的老者。他们传递出的想法和采取的行动显示，他们有着相同的灵魂。莫扎特其实并不想看到这样一部歌剧，但他向"他的皇帝"许诺会创作一部新的歌剧，他需要一个剧本，于是他接受了这部剧本，他用绝美的旋律掩盖了剧作者的胡言乱语。他的加入给达·彭特的滑稽剧情带来一种别样的趣味；更特别的是，他有时（或许是无意中）忽视了该剧的滑稽性，比如简短的 F 大调五重唱，以及费朗多的第二首咏叹调，都采用了一种令人陶醉的悲情风格。两位轻佻的女士和他们的爱人有时说话的腔调高贵、深沉而纯洁，让观众觉得莫扎特并不在意角色的情感表达，而是将自己的灵魂——世上最甜蜜、最慷慨的灵魂赋予了他们。

这种音乐与歌词之间的割离感贯穿了《女人皆如此》的全剧，不合逻辑但十分迷人，透露出一种无关紧要的意味，有着莎士比亚的花哨风格。

雷纳尔多·哈恩

《费加罗的婚礼》

四幕戏剧

人物

阿尔马维尔伯爵，西班牙贵族
伯爵夫人

苏珊娜，伯爵女佣

费加罗，伯爵仆人

凯鲁比诺，书童

马采里娜，女管家

巴尔托洛，医生

唐·巴西利奥，音乐教师

唐·库尔齐奥，审判官

安东尼奥，园丁

巴巴丽娜，园丁女儿

第一幕

在阿古阿斯－弗莱斯卡城堡里，阿尔马维尔伯爵的仆人费加罗和苏珊娜正在布置分配给他们的房间。他们要在当天举行婚礼。苏珊娜发现他们的房间离伯爵的住处很近，这样他们的主人就可以利用某项封建贵族的权力，经常来见女佣。费加罗保证不会让伯爵得逞。

女管家马采里娜和巴尔托洛医生密谋：费加罗曾鲁莽地签了一份债务协议，约定若自己无力偿还，就与她结婚，她打算执行这份协议。年轻的书童凯鲁比诺告诉苏珊娜，他在女人那遇到了麻烦，由于他与园丁的女儿巴巴丽娜越了界，伯爵夫人要把他赶出城堡，他希望苏珊娜为他求情。伯爵来向苏

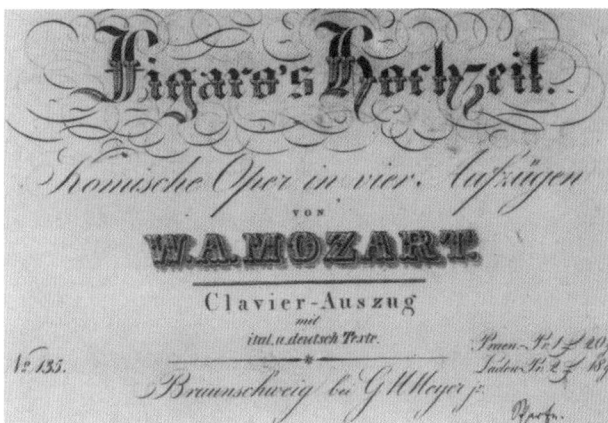

珊娜献殷勤，凯鲁比诺想躲到扶手椅后面，但此时音乐教师巴西利奥突然闯入，伯爵抢先一步躲到了那里。凯鲁比诺只能赶紧蜷缩在扶手椅上面，苏珊娜用伯爵夫人的一条裙子把他盖住。但书童很快就被发现，伯爵从巴西利奥那里听说书童想勾搭伯爵夫人，下令开除他。凯鲁比诺被赶去参军，在费加罗的嘲笑中走开。

第二幕

伯爵夫人为自己受到丈夫的冷落而哀叹。费加罗提出了一个计谋，以激起伯爵的嫉妒心。他写给伯爵一张字条，告诉对方伯爵夫人要与情人约会。与此同时，苏珊娜假装接受与伯爵幽会，但凯鲁比诺将会假扮她前去。两位女士开心地为书童乔装，但当苏珊娜去拿裙子的时候，伯爵来到妻子的房间。伯爵夫人慌忙让凯鲁比诺藏到小房间里，然后锁上了门。听到动静的伯爵质问妻子。伯爵夫人说隔壁房间里的是苏珊娜，她正在试穿婚纱。伯爵试图强行把门打开，去找工具开门，妻子跟着他。其间苏珊娜回来了，她把凯鲁比诺放了出来，自己躲了进去。当伯爵打开小房间的门时，走出来的是苏珊娜，在场众人都很震惊。不幸的是，园丁安东尼奥看到了凯鲁比诺从窗户跳出去。费加罗说跳出去的是自己，但没有人相信。这时，马采里娜前来讨债。这一系列的事件都可能让苏珊娜和费加罗的婚礼延期。

第三幕

苏珊娜假装答应和伯爵约会，但伯爵心存疑虑。与此同时，戏剧性的一幕上演了，马采里娜和巴尔托洛发现费加罗正是他们被强盗绑走的儿子。审讯结束，城堡即将迎来第二场婚礼，因为情绪激动的巴尔托洛想与自己的爱人结婚。苏珊娜在伯爵夫人的陪同下，给伯爵写了张字条，告诉他约会的时间，但她没有将这一切告诉费加罗。一群年轻的村姑来给伯爵夫人送花。其中，男扮女装的凯鲁比诺很快被揭穿了。安东尼奥的女儿巴巴丽娜急忙为他辩护。终于到了婚礼的时间。当伯爵准备戴上参加婚礼的帽子时，苏珊娜将字条塞给他。若他接受，需要将封口的别针还给对方。他的手被别针扎了一下，这让费加罗乐不可支。

第四幕

夜幕降临。巴巴丽娜正在寻找伯爵要交给苏珊娜的别针，被费加罗撞个正着。怒火冲天的费加罗不再信任女人，他找来巴尔托洛、巴西利奥和仆人们，躲在花园里，试图抓到妻子不忠的证据。苏珊娜听到了他的计划，想借此激起他的醋意。随着凯鲁比诺的到来，误会更多了。他和伯爵都将伯爵夫人认作苏珊娜，而费加罗却以为自己在和伯爵夫人打交道。费加罗很快认出对方是自己的妻子假扮的，他看到了伯爵，就马上伏倒在假伯爵夫人的脚边。伯爵喊来众人，怒骂夫人背叛自己，这时真正的伯爵夫人现身了，伯爵哑口无言，伯爵夫人原谅了他。疯狂的一天在众人的喜悦中结束了。

首演

维也纳皇家剧院，1786 年 5 月 1 日

南希·斯托拉斯饰苏珊娜

弗朗切斯科·贝努西饰费加罗

路易萨·拉斯琪 – 蒙贝利饰伯爵夫人

斯蒂凡诺·曼迪尼饰伯爵

迈克尔·奥凯利饰巴西利奥

弗朗切斯科·布萨尼饰巴尔托洛

玛丽亚·曼迪尼饰马采里娜

萨尔迪·布萨尼饰凯鲁比诺

该剧由作曲家亲自执导

巴黎演出

巴黎歌剧院：1793 年 3 月 20 日，法语版

《费加罗的婚礼》《唐·璜》《女人皆如此》的编剧达·彭特讲述了关于《费加罗的婚礼》委托创作和诞生的故事。

他卓越的才华需要在一个广阔、多维、壮丽的戏剧主题上施展。有一天与他

交谈时，他问我是否可以将博马舍的戏剧《费加罗的婚礼》搬上舞台。我很喜欢这个主意，我答应他会着手进行这一任务，但还有一个很大的困难需要克服。

前不久，皇帝下令禁止该剧在德语剧院上演，理由是对于有身份的观众而言，它显得过于轻浮。那么，我们要如何再次提议上演该剧？一贯慷慨大方的韦茨拉尔男爵为我的剧本开出了合理的价格，并向我保证，若该剧无法在维也纳演出，他会负责让其在伦敦或法国上演。我没有接受这个提议，我建议先秘密完成歌词和音乐的创作，然后等待合适的时机，鼓起勇气上呈给宫廷总管或皇帝本人。……在我创作歌词的同时，莫扎特写好了旋律；我们仅用6周就完成了全部的工作。莫扎特被幸运之星庇佑，剧院正好缺谱子。我没有告诉任何人，直接借此机会去见了皇帝，并将《费加罗的婚礼》推荐给他。

"这样，"他对我说，"您要知道，莫扎特在器乐上确实出众，但他几乎没有创作过舞台作品。他仅有一次戏剧创作经验，却也没有取得太大成绩。"

"就我自己而言，"我胆怯地答道，"若没有皇帝的仁慈，我应该也只有一次在维也纳创作歌剧的机会。"

"那倒是没错，但我已下令禁止德语剧团排演这部《费加罗的婚礼》。"

"我知道的，但我们将这部戏剧改编成了歌剧，我进行了大篇幅的删减，努力去掉所有可能违背礼法或降低品位的内容；简而言之，我已经将它变成了一部值得陛下保护的歌剧作品。至于音乐部分，就我的水平来看，堪称杰作。"

"好吧，我相信您的音乐品位，也相信您在道德上很谨慎；请将乐谱交给抄谱员。"

然后我来到莫扎特家里。我还没来得及告诉他这个好消息，他便收到一封急件，命他带着乐谱去皇宫。他听命前往，给皇帝听了几段旋律，毫不夸张地说，皇帝喜欢得如痴如醉。约瑟夫二世对音乐及所有与美相关的艺术都有着坚定的好品位。这部精彩的作品在世界各地大获成功，证明了他的判断没错。……

洛伦佐·达·彭特

《回忆录》

Pluriel 出版社口袋书系列

《唐·璜》

　　《唐·璜》是一部真正意义上的杰作。因为在阿玛多伊斯创作的所有歌剧中，这部剧凭借其含糊暧昧的基调，呈现出最复杂最丰富的场景和人们无法逃避的问题。

二幕戏剧

人物

唐·璜（低音男中音）

唐娜·安娜（女高音）

唐·奥塔维奥，安娜未婚夫（男高音）

骑士长，安娜父亲（男低音）

唐娜·艾尔维拉（女高音）

勒波莱罗，唐·璜仆人（男低音）

泽尔莉娜，农妇（女高音）

马赛托，泽尔莉娜丈夫（男低音）

事件发生于西班牙的一座城市

第一幕

　　在骑士长的房前，勒波莱罗一面等待着主人唐·璜，一面抱怨命运不公。骑士长的女儿唐娜·安娜追着试图迷倒她的唐·璜。她希望揭下唐·璜脸上的面具。她的父亲对这名引诱者发起攻击，但被打死了。唐娜·安娜在未婚夫唐·奥塔维奥的陪同下寻求帮助。面对父亲的尸体，她大叫着要复仇。

　　唐·璜不断寻找新的女性，他发现对面就是自己曾抛弃的唐娜·艾尔维拉。他逃走了，勒波莱罗列出了主人曾征服过的女子名录，令不幸的艾尔维拉非常绝望。

在一场乡下的婚礼上，唐·璜觊觎年轻的新娘泽尔莉娜，支开了她的未婚夫马赛托。艾尔维拉出场。不久之后，唐娜·安娜和唐·奥塔维奥也来了，他们仍在寻找杀害骑士长的凶手。唐·璜主动提出帮助他们，但艾尔维拉提醒他们注意。唐娜·安娜认出了凶手的声音，她再次要求唐·奥塔维奥为她复仇。

唐·璜在他的宫殿里举行了一场派对。他邀请泽尔莉娜参加派对，泽尔莉娜已经平息了丈夫的怒火。3名戴着面具的陌生人出现了。在勒波莱罗的指引下，他们混入了宾客中。他们其实就是希望争取正义的安娜、艾尔维拉和奥塔维奥。令马赛托愤怒的是，唐·璜并没有放弃勾引泽尔莉娜。马赛托和3个戴着面具的人没有被愚弄。泽尔莉娜挣扎抗拒，唐·璜试图嫁祸给勒波莱罗，但没有成功。他设法逃走了。

第二幕

为了引诱唐娜·艾尔维拉的女佣，唐·璜与勒波莱罗互换了衣服。艾尔维拉出现在阳台上。唐·璜假装向她求爱，然后便消失了，留下勒波莱罗与她在一起。马赛托和朋友们寻找着引诱者。仍然伪装成仆人的唐·璜指给他们错误的方向，还痛打了马赛托，泽尔莉娜安慰了他。面对奥塔维奥和安娜，勒波莱罗供出了他们的诡计。奥塔维奥要去复仇，而艾尔维拉很担心唐·璜，她仍然爱着他。

唐·璜和勒波莱罗甩开了追捕者，来到墓地里，距离骑士长的雕像不远。一个低沉的声音警告放荡不羁的唐·璜，他挑衅地邀请雕像共进晚餐。安娜再次推迟了与奥塔维奥的婚期。在唐·璜的晚宴上，艾尔维拉恳求她的情人回到正途，但他拒绝了。骑士长的雕像出现，并请唐·璜跟着它。他同意了，伸出手去。雕像最后一次要求他忏悔，他再次拒绝，被雕像带进了地狱深处。安娜、艾尔维拉、泽尔莉娜、马赛托、奥塔维奥、勒波莱罗从故事中得到了教育。

首演

布拉格国家大剧院：1787 年 10 月 29 日

费里斯·彭西亚尼饰勒波莱罗

路易吉·巴西饰唐·璜

朱塞佩·罗利饰骑士长、马赛托

安东尼奥·巴格里奥尼饰奥塔维奥

特蕾莎·萨博里蒂饰唐娜·安娜

卡塔里娜·米塞利饰唐娜·艾尔维拉

特蕾莎·邦迪尼饰泽尔莉娜

该剧由作曲家亲自执导

巴黎演出

巴黎歌剧院 Montansier 厅：1805 年 9 月 17 日，卡尔克布雷纳改编版

意大利语剧院：1811 年 10 月 12 日

巴黎歌剧院 Le Peletier 厅：1834 年 3 月 10 日，法语版

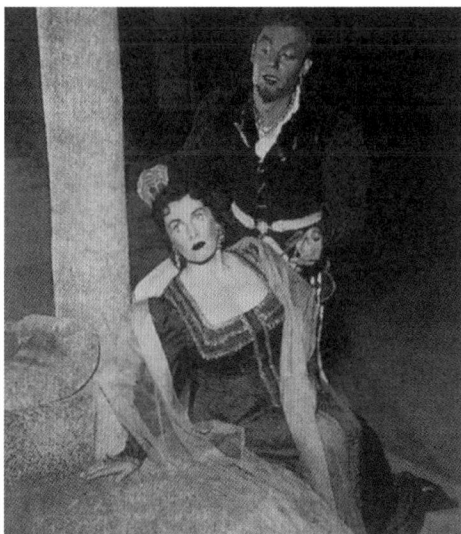

1954 年，萨尔茨堡，在威尔海姆·富特文格勒的指挥下，伊丽莎白·施瓦兹科夫和塞萨尔·西艾皮正在演出。

唐·璜的角色迷住了很多浪漫主义者。在熊熊大火中，霍夫曼随着音乐浮想联翩，勾勒出心爱女子的脸庞。

已经有好几次了，我感到身后有一股柔和而温暖的气息，就像丝绸长袍般的触感。这令我怀疑身旁有一个女人，但我被戏剧中诗一般的情景吸引，并没有分散注意力。演出结束，舞台落下帷幕，我转身看向我的邻座……不！……没有任何词句能表达我的惊讶：那是唐娜·安娜，穿着刚刚在舞台上的那一套衣服，坐在我身边，用她有穿透力的生动眼神凝视着我。我震惊得说不出话来。她的唇露出一个温和而讽刺的微笑，在我看来，这在某种程度上映射出我的愚蠢。我感到有必要对她说些什么，但我的舌头仿佛因为惊讶或恐惧而僵住了，完全动弹不得。最终，这些话似乎是无意中从我嘴里说出的："您怎么会在这里？"她立即用最纯正的托斯卡纳口音回答，若我不会说也听不懂意大利语，她便无法体会与我交谈的乐趣，因为她不懂其他任何语言。这些温柔的话语像一首悦耳的歌曲般回响在我耳畔。当她说话时，她眼神中的光芒变得更加生动，她那深蓝色的双眼中的每一道光都令我激情满满。血液在我的动脉中沸腾，我感到我的每一根心弦都在颤动。……

霍夫曼
《卡洛的奇幻故事》
1814—1815 年

古诺将莫扎特视作自己的导师，而保罗·杜卡斯凭借其公正的立场更进一步，让音乐评论成为一门艺术。

警告

《唐·璜》的乐谱对我一生都产生了启发性的影响：对我而言，它在戏剧和音乐层面是完美无缺的；我认为它是一部没有缺陷的作品，有着一以贯之的完美，而我做出这样的评论，仅仅出于我对天才的尊重和感激，在我的音乐家生涯中，我所有最纯净、最恒久的快乐都源于他。在历史上，某些人似乎注定要在属于他们的领域标出一个顶点，人们永远无法超越这个点，就像无法在雕塑领域超越菲狄亚斯，无法在戏剧领域超越莫里哀——莫扎特就属于这一类人，《唐·璜》就是那个顶点。

查理·古诺

《莫扎特的唐·璜》

1890 年

莫扎特令人惊讶的审慎笔触是《唐·璜》音乐风格中的一个特点，或许是最显著的特点，它产生了非常强烈的效果。从作品的开始到结束，他克制着强烈的表达欲望，随着情节的发展，这种力量在全剧不断增强，当结局到来时，这股力量爆发出洪流般的轰隆声。从音乐上看，终结唐·璜的灾祸只是悲剧的必然结果，而在乐谱最紧张、最精彩的章节中，作者已经在为最后的可怕毁灭做铺垫。……令人好奇的是，斯塔尔夫人对莫扎特的评判很独特，她一方面发现莫扎特比一般天才更具独创性，同时也意识到了《唐·璜》在音乐表达上的双重属性。她在《论德意志》一书中写道："在所有音乐家中，莫扎特或许是最懂得将音乐与歌词融合起来的人。在他的歌剧中，他用音乐表达出了所有戏剧场景的层次，其中以《石客》为代表；歌曲充满了欢愉，但古怪而强烈的氛围又预示了戏剧中异想天开的阴暗主题。"接着她试图对这个绝佳的评判进行补充，写道："音乐家和诗人在精神层面联结到一起，带给听众欢乐，但这种欢乐要经过思索才能体会到，这是一个不属于艺术的巧妙领域。"后来很多人提到瓦格纳时，也说过差不多的话。

保罗·杜卡斯

演奏、演唱、演出莫扎特的作品

对莫扎特的解读是一项庞大的工程。从过去到现在，一代代的艺术家试图从不同视角揭开谜团。他们当中，有阿图尔·鲁宾斯坦、纳塔莉·德赛、伊丽莎白·施瓦兹科夫、伊姆佳德·西弗里德和帕特里斯·夏侯。

鲁宾斯坦的眼泪

阿图尔·鲁宾斯坦在一定程度上展现了他对一个世纪以来所知音乐的记忆。他为曾被视作未来艺术家的斯特拉文斯基辩护，但莫扎特始终是他的最爱。在他的印象中，从他早年起（1900年以前！），莫扎特的音乐就已经属于过去了。

14岁那年，我在德累斯顿听到了《C小调弥撒》，我哭得像个小孩子。17岁时，我在柏林演奏了《A大调协奏曲》，但那是因为我还只是个青少年。不管在哪里，公众都期待听到更华丽的曲风，看到更精湛的演奏技巧。施纳贝尔有句话说得好：莫扎特对于孩子们而言太简单了，对于成年人又太难了。他的简单，他的自然，他神奇的连奏，使得不管任何东西插入其中，都会影响乐曲的魅力，搅得一团糟。幸运的是，如今我已垂垂老矣，我可以说出我对他的爱，并和莫扎特音乐的指挥大师约瑟夫·克里普斯一同录制了几部协奏曲。如今，交响协奏曲能令我落泪。德国人演奏莫扎特的时候总会戴上假发，拉丁语国家的人不太喜欢他，意大利人撇嘴说他很无趣，西班牙人无视他。只有在法国，人们才真正崇拜他。我们整晚和蒂博、卡萨尔斯一起演奏莫扎特的作品，这是我们的荣幸。如今的观众真的很幸运。我刚在电视上看了电影《费加罗的婚礼》，我还和菲舍尔－迪斯考、凯鲁比诺扮演者玛丽亚·尤因一起度过了一个幸福的夜晚。如今莫扎特属于所有人。

安德烈·图布夫访谈录

《观点报》第 527 期，1982 年 10 月 25 日

施瓦兹科夫的纪律

当谈到演唱莫扎特作品的女歌手时，伊丽莎白·施瓦兹科夫的名字是排在第一位的。她向我们阐述了莫扎特对演唱者的要求，以及自己的收获。

即便是我这种天生柔弱的嗓音，演唱莫扎特的作品时，也会披上一层高贵的外衣。歌声要让公众听见，也要实现自我的超越！这也是我的老师玛丽亚·伊芙根的建议："高贵些，我的孩子！"我配合小提琴，唱了一首莫扎特的音乐会咏叹调。小提琴连奏的音色很奇妙，人声必须尽可能模仿它。莫扎特在所有歌剧作品中，都插入了精彩的木制乐器段落。歌手必须认真聆听每种乐器的声音，并让自己的歌喉融入莫扎特的管弦乐中，同时展现出细微的差别。……这便是为何我们必须在最好的乐器伴奏中演唱莫扎特的作品，歌手们需要作为一个整体互相配合。我们要学着一面表现自己，一面隐藏自己。对于不同的合作者，我们需要找到不同的方式去适应，去展现细微的不同。因此，颤音也有可能毁掉莫扎特的作品，因为它影响了人声与交响乐的协调统一。对于一个歌手而言，没有什么能比适应其他音色带来更深刻的身体享受。莫扎特也是如此要求，这会带来极大的音乐上的愉悦感。这是一种恩赐，但也是一项纪律，一项铁律！

安德烈·图布夫访谈录

《观点报》第 527 期，1982 年 10 月 25 日

演唱莫扎特的作品

另一位著名的莫扎特作品演唱者——伊姆佳德·西弗里德是维也纳传统音乐的杰出代表。

演唱莫扎特的作品时，我最喜欢的就是与一个团队的歌手和乐手们合作。这是真正的提升训练！我们每天都在一起排练。如今，已经没有这样的训练了。艺术家们总是在赶飞机，排练是由替身演员完成的！年轻歌手们首先希望成为歌星，再顺便唱唱莫扎特！……这样的打算是不行的。而维也纳的团队仍然坚守着奇迹，包括博姆、克里普斯等指挥家和歌手们一道，组成了一个统一的、一致的、团结的集体。他们在一起排练、工作、构思和创作音乐。这便是一个很好的例子。这样的团队造就了非凡而和谐的成果。博姆和克里普斯的呈现纯粹、清晰而完美。他们无法忍受一丁点的偏差或瑕疵。他们追求的不是尽可能，而是必须完美。因此，训练的强度很高。维也纳的奇迹，是专业团队的工作成果。而意大利的歌手们注重音量上的训练。这是另一种训练形式，但对于演唱莫扎特的作品而言，会造成灾难性的效果。一位著名意大利男高音在演唱完《玫瑰骑士》后，被问到他对这首作品的看法，他答道："小声点，小声点！"莫扎特用不同的方式处理人声，他不喜欢尖锐和松散的嗓音。相反，演唱莫扎特的作品时，必须保持克制、优雅、谦逊和简单的态度，并且像在西班牙马术学校一样严格训练。坚持不懈，重复再重复，而且要一起训练。……

我演唱莫扎特的作品，因为我喜欢唱他写的歌，这位作曲家与我有着特殊的联系。我最喜欢的角色是帕米娜，其他所有的角色也都带给了我强烈的喜悦。我记得在萨尔茨堡看过一场《唐·璜》的演出，令人难忘。卢巴·韦利奇塑造的安娜无与伦比，简直太棒了！施瓦兹科夫演绎的艾尔维拉高贵无匹。团队中的其他人，比如戴摩塔、昆兹的表现都很棒。每位指挥家都有自己的风格。每次演出都呈现出不同的效果。博姆与克里普斯指挥的莫扎特作品有着不一样的风格，卡拉扬等人的风格也各不相同。富特文格勒热爱莫扎特，但指挥莫扎特的作品确实不是他最擅长的。他非常努力，工作勤勉。我至今仍记得由他指挥的精彩演出。克里普斯喜欢整体合奏的音效。他指挥的最终章十分宏大。博姆是一个在意精准度和纯粹性的人。

我们每个人都演绎过莫扎特的作品。只有经过长时间的共同努力，经过许多考验，我们才能亲身感受到莫扎特的天才之处，那将给我们带来巨大的喜悦。没有哪个人能独自成为明星。只有在一起，才是耀眼的明星。

伊姆佳德·西弗里德

克里斯蒂安·席尔姆访谈录

"无处寻觅的莫扎特歌曲"

《歌剧台前》，1985 年 10 月

帕特里斯·夏侯的《女人皆如此》

继《卢西奥·西拉》和《唐·璜》分别在比利时皇家剧院和萨尔茨堡上演后，帕特里斯·夏侯将《女人皆如此》搬上了 2005 年普罗旺斯地区艾克斯歌剧节的舞台。

克里斯蒂安·瓦塞林：您先是导演了几部数字编号的歌剧作品，又执导了在音乐上更具有连续性的四联剧。您在接触《卢西奥·西拉》和《女人皆如此》这些更遵循歌剧规则的乐谱时，是否感觉自己在已经获得自由之后，再次受到条条框框的束缚？

帕特里斯·夏侯：正好相反，正歌剧等音乐体裁本身的限制可以为导演打开一个全新的自由创作空间。这些歌剧促使我们发挥自己的想象力，超越固有的边界。比如在《卢西奥·西拉》中，我们很快就能察觉到，莫扎特自己触犯了规则，在形式上做了手脚。宣叙调的处理方式非常自由，作曲家改变了这些段落的结构，让它们不再仅仅作为幕间的过渡段。我想说的是，莫扎特利用正歌剧的形式，来更好地安排歌剧中的段落。他灵活运用音乐体裁，这也鼓励我做出一些更大胆的尝试。歌剧最重要的问题仍旧是时长，这不仅是客观和数字意义上的时长，导演更要懂得在这样的过程中，用合适的方式配合作曲家的表达。瓦格纳的歌剧看着很冗长，但在同一个情境中，一个词绝不会被重复第二遍：他的作品形式开放、值得推敲，音乐也随着歌词而推进。然而，正歌剧总会涉及重复的问题。角色应当如何处理咏叹调的重复唱段？和第一遍一样的唱法吗？这里就需要导演的介入了。面对长段的音乐，导演要运用戏剧上的手法，让它显得不那么冗长。

克里斯蒂安·瓦塞林：您如何评价《女人皆如此》？

帕特里斯·夏侯：这既不是一部悲剧，也不是一部喜剧。或者说，它两者皆是。这部歌剧丰富而暧昧，每一个细节都需要认真对待。包括反串角色在内，没有一个人物是可笑的，也没有一个人物会被嘲笑，即便他在感情上存在欺骗和愚弄。承载着极致拉扯情绪的音乐，却总是轻柔的。这种轻柔并不是轻浮，它从来不会令人感觉沉重。在《女人皆如此》中，最令我着迷的就是那种轻轻的感觉，但我却从没感受到罗西尼所说的"轻盈"。我觉得莫扎特和达·彭特在无限的自由中创作了这部作品，尽管它的故事仍然建立在情感和情境对称的基础上。在《唐·璜》中，我感觉神话传说令整个剧情显得局促不安，首先是因为很多之前的作品都引用过这个桥段，其次是因为很多必要的段落都是预警（诱惑、攻击、农夫和农妇、骑士长……）。我在《费加罗的婚礼》中同样感受到了一种相对僵硬的感觉，这主要源于博马舍奇妙的戏剧结构，这部歌剧就是在他的戏剧基础上创作的。而《女人皆如此》恰恰相反，创作过程中仅参照了亚里士多德、哥尔多尼的作品和那不勒斯的民俗。在此基础上，莫扎特和达·彭特自由发挥，成就了这部作品的美感。

克里斯蒂安·瓦塞林访谈录

《国际歌剧》第 302 期，2005 年 7—8 月

纳塔莉·德赛——技艺超群的莫扎特作品演唱者

她曾是《魔笛》中令人惊叹的夜女王，如今她早已告别了这个需要极其精湛的演唱技巧的角色。纳塔莉·德赛总说："生活中不只有高音。"尽管她对夜女王的 High F 已不再有执念，莫扎特却始终令她着迷。

为何莫扎特如此难以诠释？我很难回答这个问题。就像每当我们听到他的音乐，为什么我们马上就能知道这是莫扎特的作品，而不是海顿或梅斯里威切克的？是什么造就了莫扎特？他始终是我最喜欢的作曲家，但我已经有些年没有唱他的作品了，我不敢再尝试。事实上，他的音乐是独一无二的，因为它是天才之作；如果我们用错误的方式去表达它，那就太可怕了！可以肯定的是，演唱莫扎特的作品能带来巨大的乐趣。人声与其他乐器的作用不同，但也没有像美声唱法那样被区别对待，我们看重的仅仅是诠释得是否到位。我认为莫扎特作品最大的特点是，它在一个非常刻板的音乐形式中，用令人难以置信的自由度展现和声和旋律，绕过了条条框框和各种约束。我敢说，演唱他的作品时，在每个转角都可能遇见惊喜，无论是青年歌剧还是像《米特拉达梯》这样的正歌剧。这样一个年轻人能有如此丰富的词汇量，令人叹服。

2006 年，我将以帕米娜的角色，在圣菲再次出演莫扎特的《魔笛》；在多次扮演夜女王之后，我将以帕米娜的身份对这部歌剧说"再见"。哪怕只唱一遍，我也无法抗拒那句 "Ach',ich fühls"（"哦，我觉得"）带来的乐趣。就像《后宫诱逃》中的康斯坦斯，我只扮演过她一次，却感受到了真正的快乐。我最迫不及待想扮演的角色是《唐·璜》中的唐娜·安娜，这部剧本身就是一个神话故事，我相信能从这个角色中找回自己。我也非常想再次演绎音乐会咏叹调。到目前为止，我已经演唱过他为阿洛西丽亚·韦伯写的作品，但他还有很多其他更宏大或更私密的作品。他还创作过很多宗教音乐作品，应该没有人能抵抗《C 小调弥撒》中《降生成人》的魅力吧？

米歇尔·帕鲁蒂访谈录

巴黎，2005 年 9 月

戏剧和电影

整个 19 世纪，天才莫扎特短暂的一生激发了不止一位作家的灵感，他们写下了或轻松或悲惨的传记，还为他创作了戏剧和诗歌，甚至史诗。到了 20 世纪，他的故事自然而然地被搬上了银幕。但虚构与真实总是以错综复杂的方式交织在一起。

莫扎特，19 世纪小说中的主角

俄国文豪普希金在剧作《莫扎特与萨列里》中，将莫扎特描绘成一位慷慨而轻率的人，他尚未意识到自己天才的价值。这部剧作写于 1830 年，亚历山大·普希金以萨列里出于嫉妒毒死莫扎特的传说为素材创作而成。无忧无虑的天才莫扎特冒犯到了这位勤勉的音乐家……

第一幕

萨列里家中

萨列里

人们都说，世上毫无正义可言，

而在天上，也同样没有正义。

对我而言，一切都显而易见得像一个简单的音符，

从来到世界的那一刻起，就被艺术折服。

我记得，从儿时起，

每当老教堂的管风琴奏起，

我便听得入神，

甜蜜的泪水在不觉中落下。

我早已摒弃了各种尘世间的消遣，
所有与音乐无关的学科
于我都很陌生，
我顽固而傲慢地将它们弃绝，
投身于唯一的和谐。
我的第一步艰辛而枯燥，
但我克服了最初的磨难。
我把专业性看作根基，
像工匠般追求艺术：
练就了敏锐的双耳
和灵活自如的十指……
我嫉妒，嫉妒让我痛苦。
我深深地嫉妒他——上天啊。
真理何在，
为何神明不把不朽的才华赐予我，
来奖赏我虔诚的爱，
奖赏我辛勤的工作、热切的祈祷，
却眷顾一个懒惰而放荡的疯狂之人？
莫扎特，莫扎特。
（莫扎特进入）

莫扎特

啊，你看见我了，
我本想吓你一跳的。

萨列里

什么？你已经到了？到很久了吗？……

莫扎特

刚到。

我才进来，想给你展示点小东西，

但在小酒馆门口，

我突然听到了小提琴声，我亲爱的朋友，

我真的没有遇到过更好笑的事情。

一个盲人小提琴手

正拉着《你可知道什么是爱》，

我忍不住把琴师带了过来，

请你也欣赏下他的音乐。

进来吧，老头子！

（瞎老头携小提琴进入）

给我们奏一曲莫扎特。

（瞎老头演奏了《唐·璜》中的一首咏叹调，莫扎特哈哈大笑）

萨列里

你怎么笑得出来？

莫扎特

啊，萨列里，

你难道不觉得好笑吗？

萨列里

不，

当一个拙劣的画手，

当着我的面在拉斐尔的圣母像上乱画时，

当一个小丑竟来模仿伟大的诗人但丁·阿利吉耶里时，

我一点也笑不出来。

快走开，老头子。

莫扎特

等等，等一下，
给你，为健康干杯。
（老头出去）
我的朋友萨列里，
你看上去不太高兴，
我改天再来找你。

萨列里

你想给我展示什么？

莫扎特

哦，没什么大不了的。
夜里我怎么也睡不着，
脑中产生了几个想法，
起床后我记录了下来。
我想要听听你的意见，
但我看你有心事，我打扰到你了吗？

萨列里

来吧，莫扎特，莫扎特，
你才不会打扰到我，
坐下，我听着。

莫扎特（坐在钢琴前）

想象一下，
有一个男人——就当是我吧……更年轻一些，
处在热恋中，没那么投入，但很亲密地，
跟一个美人，或者一位朋友——也许就跟你……

我很开心……突然我目睹了一场葬礼，
我陷入了阴沉的黑夜，你也有了同样的感受……
好了，听听吧。
（他弹奏起钢琴）

萨列里

你带着这个来找我，
还可以在小酒馆门前停留，
去听那个拙劣小提琴手的演奏……天啊！
莫扎特，你完全不在意你的才华。

莫扎特

那你喜欢吗？

萨列里

多么深刻，
多么大胆，又是多么优雅。
你就是神，莫扎特，但你却没有意识到。
但我，我知道，知道的。

莫扎特

行了，就算是吧，
但我这个神现在饥肠辘辘。

萨列里

今晚，你想不想一起用餐，
我请你去金狮酒馆吃一顿。

莫扎特

我很愿意，但我得先回家一趟，

告诉我的妻子，

叫她不要等我吃晚饭。

一会儿见。

（他走出门）

亚历山大·普希金

《莫扎特与萨列里》人物系列，1981 年

20 世纪戏剧和电影中的莫扎特

雷纳尔多·哈恩创作的《莫扎特》是法国音乐剧的代表，而电影和戏剧在很大程度上展现了莫扎特的荣耀。约瑟夫·洛塞执导的《唐·璜》被现象级影片《莫扎特传》超越：米洛斯·福尔曼将这部由彼得·谢弗编剧的作品搬上银幕，编剧在现实基础上进行了有限度的自由创作——这部电影大获成功。

1984年上映的电影《莫扎特传》由米洛斯·福尔曼执导,彼得·谢弗编剧,在国际影坛大获成功。

下图为1925年雷纳尔多·哈恩和萨卡·圭特瑞创作的音乐剧《莫扎特》剧照,这是一部完全被架空的戏剧。

1979年，约瑟夫·洛塞凭借电影《唐·璜》掀起了歌剧电影的风潮，拉格罗·拉伊蒙迪成为全民偶像。

照片摄于2005年斯特凡·希勒在彼得·谢弗的剧本基础上导演的《莫扎特传》舞台剧演出期间，照片中从左至右为让·皮亚、玛丽-朱莉·鲍普和洛兰特·道驰。

人物与历史年表

年份	莫扎特	文学
1756	1 月 26 日生于萨尔茨堡	
1762	第一次巡回演出（慕尼黑、维也纳） 开始创作钢琴曲	《图兰朵公主》，戈奇 《爱弥儿》，卢梭 《社会契约论》，卢梭 《拉摩的侄儿》，狄德罗
1765	KV 16《降 E 大调第 1 号交响曲》	《忏悔录》，1770 年完成，卢梭
1768	《巴斯蒂安和巴斯蒂安娜》（维也纳）	夏多布里昂出生
1769	第一次去意大利（12 月 11 日）	
1770	成为博洛尼亚爱乐学会成员 第一首弦乐四重奏：KV 80《G 大调弦乐四重奏》；《米特拉达梯》（米兰）	黑格尔出生 《自然的体系》，霍尔巴赫
1771	《阿斯卡尼奥在阿尔巴》（米兰） 西格斯蒙·冯·施拉腾巴赫去世	
1772	科洛雷多当选萨尔茨堡大主教 第 15 ~ 21 号交响曲；《卢西奥·西拉》（米兰）	《论人》，爱尔维修遗作
1773	回到萨尔茨堡 《喜悦欢腾》；第 2 ~ 7 号四重奏（意大利）；第 8 ~ 13 号四重奏（维也纳）；《D 大调第 5 号钢琴协奏曲》；《G 小调第 25 号交响曲》（萨尔茨堡）	《定命论者雅克》，狄德罗

音乐	造型艺术	历史事件
		七年战争开始
《奥菲欧与尤莉迪茜》，格鲁克		叶卡捷琳娜二世开始在俄国执政
	苏夫洛开始建造先贤祠	约瑟夫二世继任神圣罗马帝国皇帝
《F小调第49号交响曲"受难"》，海顿		法国占领科西嘉岛
		拿破仑出生
贝多芬出生；《被遗弃的艾米达》，约梅利	布歇去世	
	《干草车》，庚斯博罗	
《太阳四重奏》，海顿		第一次瓜分波兰
《落空的不贞》，海顿		

年份	莫扎特	文学
1774	《A 大调第 29 号交响曲》 第 1～5 号钢琴奏鸣曲（萨尔茨堡）	《少年维特之烦恼》，歌德
1775	《假扮园丁的姑娘》（慕尼黑） 第 1～5 号小提琴协奏曲（萨尔茨堡）	《塞维利亚的理发师》，博马舍
1776	KV 239《D 大调小夜曲"月下"》 KV 250《D 大调小夜曲"哈夫纳"》 （萨尔茨堡）	《狂飙突进》，克林格 《一个孤独漫步者的遐想》，卢梭
1777	《降 E 大调第 9 号钢琴协奏曲"年轻人"》（萨尔茨堡） 辞去乐长职务；在母亲陪同下离开萨尔茨堡，前往慕尼黑和曼海姆（10 月 30 日）	《诽谤学院》，谢里丹
1778	前往基尔夏因博兰登；爱上阿洛西丽亚·韦伯；抵达巴黎（3 月 23 日） 《C 大调长笛与竖琴协奏曲》；《D 大调第 31 号交响曲"巴黎"》；《A 小调第 8 号钢琴奏鸣曲》；《A 大调第 11 号钢琴奏鸣曲"土耳其进行曲"》 莫扎特的母亲安娜·玛丽亚于 7 月 3 日在巴黎去世	伏尔泰去世； 卢梭去世
1781	《伊多梅纽斯》（慕尼黑）；《降 B 大调第 10 号小夜曲"大组曲"》（慕尼黑/维也纳） 在维也纳与科洛雷多会和；和科洛雷多决裂	《强盗》，席勒； 《纯粹理性批判》，康德
1782	改编约翰·塞巴斯蒂安·巴赫的赋格曲 《后宫诱逃》（维也纳）；《D 大调第 35 号交响曲"哈夫纳"》（维也纳） 迎娶康斯坦斯·韦伯（8 月 4 日） 6 首《海顿四重奏》的第一首	《危险关系》，拉克洛
1783	KV 427《C 小调弥撒"伟大"》；《C 大调第 36 号交响曲"林茨"》	

音乐	造型艺术	历史事件
《伊菲姬尼在奥利德》，格鲁克		路易十六开始执政
		美国宣布独立
《阿尔米德》，格鲁克	萨克斯元帅墓，萨尔茨堡，皮加勒	
	皮拉奈斯去世	
《伊菲姬尼在陶里德》，皮钦尼		
《塞维利亚的理发师》，帕伊谢洛		克鲁梭冶金中心成立
		美国独立战争结束

年份	莫扎特	文学
1784	第 14 ~ 18 号钢琴协奏曲 加入共济会	《费加罗的婚礼》，博马舍
1785	6 首《海顿四重奏》的最后一首；《D小调第 20 号钢琴协奏曲》；《C 大调第 21 号钢琴协奏曲》；《共济会葬礼进行曲》	《欢乐颂》，席勒
1786	《费加罗的婚礼》（维也纳）；《九柱球戏三重奏》；《D 大调第 38 号交响曲"布拉格"》	
1787	前往布拉格 KV 515、KV 516《弦乐五重奏》（维也纳） 利奥波德去世（5 月 28 日） 《G 大调第 13 号小夜曲》（维也纳）；《唐·璜》（布拉格）	《唐·卡洛斯》，席勒 《保尔和薇吉妮》，贝纳丹·德·圣比埃
1788	《D 大调第 26 号钢琴协奏曲"加冕"》（维也纳）；《唐·璜》在维也纳上演；《降 E 大调第 39 号交响曲》；《G 小调第 40 号交响曲》；《C 大调第 41 号交响曲"朱庇特"》	《实践理性批判》，康德
1789	前往柏林 《A 大调单簧管五重奏》	
1790	《女人皆如此》（维也纳）	《浮士德》片段，歌德
1791	《降 B 大调第 27 号钢琴协奏曲》（维也纳）；《狄托的仁慈》（布拉格）；《魔笛》（维也纳）；《A 大调单簧管协奏曲》（维也纳）；《安魂曲》 12 月 5 日去世	《朱斯蒂娜或美德的不幸》，萨德 圣茹斯特的第一场演讲

音乐	造型艺术	历史事件
《达那伊德斯姐妹》，萨列里 《狮心王理查》，格雷特里		
	《荷拉斯兄弟之誓》，大卫	
《俄狄浦斯在科罗诺斯》， 萨基尼	《观点随想》，瓜尔迪	普鲁士国王腓特烈二世去世 王后项链事件
《伊菲姬尼在奥利德》，凯鲁比尼 《德摩丰》，凯鲁比尼	昆汀·德·拉图尔去世	三级会议召开
《妮娜》，帕伊谢洛	《网球场宣言》，大卫	攻占巴士底狱 《人权宣言》发布
《G大调第94号交响曲"惊愕"》， 海顿		第一部法国宪法

相关文献

[1]《书信集》（共 7 卷），詹妮薇芙·格弗里译，弗拉马利翁出版社，和声系列，1987—1999 年（完整版书信最新译本，必读）。

Correspondance (7 volumes), trad. Geneviève Geffray, Harmoniques/Flammarion, 1987-1999 (la correspondance intégrale, dans une traduction nouvelle ; indispensable).

[2] 阿尔弗雷德·爱因斯坦著，《莫扎特》，伽利玛出版社，Tel 文集，1991 年。

Einstein, Alfred, *Mozart*, Gallimard, « Tel », 1991.

[3] 让 – 维克多·奥卡尔著，《莫扎特、爱与死亡》，拉戴出版社，1992 年（莫扎特的生平略述）。

Hocquard, Jean-Victor, *Mozart, l'amour, la mort*, Lattès, 1992 (la somme d'une vie passée au service de Mozart).

[4] 罗宾斯·兰顿、霍华德·钱德勒著，《1791，莫扎特的最后一年》，拉戴出版社，1988 年（描写最为细致，动人心魄）；《莫扎特的 1781—1791，维也纳音乐的黄金时代》，拉戴出版社，1989 年；《人们熟知与不熟知的莫扎特》，伽利玛出版社，Arcades 文集，1996 年；主编《莫扎特词典》，法亚尔出版社，1997 年。

Landon, Robbins, et Chandler, Howard, 1791, *la dernière année de Mozart*, Lattès, 1988 (le plus minutieux des reportages ; passionnant) ; *Mozart, l'âge d'or de la musique à Vienne, 1781—1791*, Lattès, 1989 ; *Mozart connu et inconnu*, Gallimard, «Arcades », 1996 ; (sous la direction de), *Dictionnaire Mozart*, Fayard, 1997.

[5] 布里吉特·马森 – 让著，《莫扎特》，法亚尔出版社，1990 年（珍贵导向性意义）。

Massin, Brigitte et Jean, *Mozart*, Fayard, 1990 (orienté, mais précieux).

关于莫扎特的作品

[1] 布里吉特·马森主编，《莫扎特歌剧指南》，法亚尔出版社，1991 年。

Massin, Brigitte (sous la direction de), *Guide des opéras de Mozart*, Fayard, 1991.

[2] 皮埃尔 – 让·热弗著，《莫扎特的唐·璜》，布尔乔亚出版社，1993 年（诗意的语言）。

Jouve, Pierre-Jean, Le « *Don Juan* » de Mozart, Bourgois, 1993 (un poète parle).

［3］奥利维耶·梅西安著，《莫扎特的 22 首钢琴协奏曲》，塞吉尔 / 阿尔尚波出版社，1990 年（评论家笔下的音乐分析）。

Messiaen, Olivier, Les *Vingt-Deux Concertos pour piano de Mozart*, Séguier/Archimbaud, 1990 (la musique vue par un des maîtres de l'analyse).

［4］雷米·斯特里克著，《莫扎特与他的歌剧，虚构与真实》，伽利玛出版社，思想文集，1980 年；再版被收入 Tel 文集。

Stricker, Rémy, *Mozart et ses opéras. Fiction et vérité*, Gallimard,《Bibliothèque des Idées》,1980; rééd.《Tel》.

［5］特奥多尔·维兹瓦、乔治·圣弗瓦著，《沃尔夫冈·阿玛多伊斯·莫扎特的生活与作品》，拉弗龙出版社，Bouquins 文集，1991 年（最早研究莫扎特的作品之一）。

de Wyzewa, Théodore, et de Saint-Foix,Georges, *W. A. Mozart, sa vie et son œuvre,Laffont*,《Bouquins》, 1991 (les pionniers).

其他

［1］《歌剧前台》，脚本及译本，音乐分析，音乐评论（高质量作品）。

L'Avant-Scène Opéra, livrets et traductions,analyse musicale, environnement critique (un travail de grande qualité).

［2］洛伦佐·达·彭特著，《回忆录》，法国水星出版社，2000 年。

Da Ponte, Lorenzo, *Mémoires*, Mercure de France, 2000.

［3］弗朗索瓦 – 勒内·特朗士福特、安德烈·里斯科、米歇尔·帕鲁蒂、马克·维尼亚尔著，《交响乐指南》，法亚尔出版社，1986 年（大众通俗易懂的交响乐和协奏曲分析）。

Tranchefort, François-René, Lischké,André, Parouty, Michel, et Vignal, Marc, Guide de la musique symphonique, Fayard, 1986(des analyses des symphonies et des concertos à la portée de tous).

唱片

歌剧

1.《狄托的仁慈》
罗尔夫 – 约翰逊、冯·奥特、瓦拉迪演唱；英国巴洛克独奏家乐团演奏；约翰·艾略特·加迪纳指挥（阿奇夫唱片公司发行）。"古典式"的风格与情感。

2.《女人皆如此》
让斯、芬克、古拉演唱；勒内·雅各布斯指挥（阿莫尼亚蒙迪唱片公司发行）。雅各布斯用新的方式演绎了这部作品。

3.《唐·璜》
萨瑟兰、欣蒂、瓦施特演唱；英国爱乐乐团演奏；卡罗·马里亚·朱里尼指挥（百代唱片公司发行）。最为和谐的版本。

4.《后宫诱逃》
克里普斯（百代唱片公司发行）、比彻姆（百代唱片公司发行），弗里乔伊（德意志唱片公司发行）、哈农库特（泰尔德克国际古典音乐有限公司发行）、加迪纳（阿奇夫唱片公司发行）分别演绎了独具时代特色的版本。

5.《魔笛》
斯特雷特、邦尼、卡赫迈勒演唱；卓宁霍姆皇家歌剧院合唱与管弦乐团演奏；阿诺德·奥斯特曼指挥（琴鸟唱片公司发行）。具有迷人的自然韵味。

6.《伊多梅纽斯》
罗尔夫 – 约翰逊、冯·奥特、马丁佩尔托、蒙特威尔第演唱；英国巴洛克独奏家乐团演奏；约翰·艾略特·加迪纳指挥（阿奇夫唱片公司发行）。管弦乐队的美妙旋律背后暗藏激情。

7.《费加罗的婚礼》

埃里希·克莱伯指挥（迪卡唱片公司发行），1951 年卡拉扬重新演绎（百代唱片公司发行），两者皆与维也纳爱乐乐团合作。之后阿奇夫唱片公司的卡迪纳沿袭前辈的技巧，继续指挥该作品。

音乐会旋律及咏叹调

伊丽莎白·施瓦兹科夫和瓦尔特·吉泽金演绎了一系列令人难忘的旋律（百代唱片出品）。最令人惊叹的音乐会咏叹调由柏林古典唱片公司发行，克里斯蒂安·奥尔泽演唱。

交响乐

卡尔·博姆（德意志唱片公司发行）、约瑟夫·克里普斯（飞利浦唱片公司发行）、尼克劳斯·哈农库特（泰尔德克国际古典音乐有限公司发行）分别演绎了一系列大型交响乐作品的完整版。克伦佩勒、卡拉扬、博姆的呈现也令人难忘，同样值得一提的还有克里斯朵夫·霍格伍德用古董乐器进行的音乐尝试（琴鸟唱片公司发行）。

协奏曲

1.《单簧管协奏曲》

萨宾·梅耶演奏；柏林爱乐管弦乐团合奏；克劳迪奥·阿巴多指挥（百代唱片公司发行）。

2.《圆号协奏曲》

丹尼斯·布莱恩演奏；爱乐管弦乐团合奏；赫伯特·冯·卡拉扬指挥（百代唱片公司发行）。

3.《钢琴协奏曲》

英国室内管弦乐队演奏，丹尼尔·巴伦博伊姆指挥（百代唱片公司发行）；Anima Etern 管弦乐队演奏，约斯·范·伊莫西尔指挥（唱片公司发行）。两个版本都洋溢着青春的激情与幻想。同样值得一提的还有克拉拉·哈丝姬尔、阿尔图罗·贝内代托·米凯兰杰利、鲁道夫·塞尔金、默里·佩拉西亚演绎的版本。

4.《小提琴协奏曲》

主要演奏者有艾萨克·斯特恩、约瑟夫·苏克、奥古斯丁·杜梅……以及年轻的朱莉娅·费舍尔。

宗教音乐

1.《C 小调弥撒》

奥尔泽、拉莫尔、威尔、科伊演唱，根特声乐合唱团、皇家唱诗班合唱；香榭丽舍管弦乐队演奏；菲利普·赫尔维格指挥（阿莫尼亚蒙迪唱片公司发行）。颇具灵性的版本。

2.《安魂曲》

布鲁诺·瓦尔特的指挥风格较为古典（索尼唱片公司发行），哈农库特的指挥风格更为现代及创新（泰尔德克国际古典音乐有限公司发行）。同样值得一提的还有弗里德·贝尔尼乌斯指挥的版本（Carus 唱片公司发行）。

室内音乐

1.《小夜曲及嬉游曲》

哈农库特指挥（泰尔德克国际古典音乐有限公司发行），桑多尔·维格演唱，萨尔茨堡室内乐团合唱（Capriccio 唱片公司发行）。

2.《弦乐四重奏》

意大利弦乐四重奏乐团演绎的完整版最令人难忘（飞利浦唱片公司），塔里奇四重奏乐团的演奏也很精湛（Calliope 唱片公司发行）。

3.6 首《弦乐五重奏》

阿玛迪斯四重奏乐团、塞西尔·阿尔诺维兹演奏（德意志唱片公司发行），以及布达佩斯管弦乐团、瓦尔特·特兰普勒演奏（索尼唱片公司）的版本始终是标杆。

4.《A 大调单簧管五重奏》

沃尔夫冈·梅耶演奏低音单簧管部分，马赛克四重奏乐团合奏（Astrée 唱片公司发行）。

5.《小提琴及钢琴奏鸣曲》

阿图尔·格吕米奥和克拉拉·哈丝姬尔的演绎勾起了人们的无尽回忆（飞利浦唱片公司发行）。

钢琴独奏

《钢琴奏鸣曲》

众多版本令人难以取舍：莉莉·克劳斯（索尼唱片公司发行），玛丽亚·胡奥·皮尔斯（德意志唱片公司发行），克劳迪奥·阿劳（飞利浦唱片公司发行），默里·佩拉希亚（索尼唱片公司发行），克里斯蒂安·查哈里亚斯（百代唱片公司发行）……

DVD

如今的唱片不只局限于 CD，DVD 已经进入了古典音乐的市场，带来了对于歌剧作品而言不可或缺的高品质画质。莫扎特的作品也是这场风潮的受益者。

1.《狄托的仁慈》

唯一的 DVD 版本录制于格林德伯恩歌剧节。用英式风格演绎，品质很高，风格庄重而精准（Arthaus Musik 发行）。

2.《女人皆如此》

多丽丝·德里在德国排演了风格癫狂的版本（TDK 发行）；米歇尔·汉普则将传统版本的戏剧搬上了米兰的舞台，该版本由里尔卡多·穆蒂激情指挥（Opus Arte 发行）；于尔根·弗里姆和尼克劳斯·哈农库特在慕尼黑联袂执导的版本有着最为阴郁的基调，剧中的费奥迪莉姬由塞西莉娅·巴托莉演绎（Arthaus Musik 发行）；约翰·艾略特·加迪纳在夏特莱歌剧院录制的版本也大获成功（德意志唱片公司发行）。每个版本都有自己的独特风格。

3.《唐·璜》

以下版本获得了无可争议的成功：黛博拉·瓦内尔在格林德伯恩歌剧节上排演的版本（Warner 发行），乔治·斯特雷勒在米兰斯卡拉歌剧院的精妙呈现（Opus Arte 发行），以及彼得·布鲁克在艾克斯 – 普罗旺斯歌剧节的忠实执导（Bel Air Classiques 发行）。追溯历史，1954 年威尔海姆·富特文格勒在萨尔茨堡歌剧节上的呈现有着无可撼动的地位（德意志唱片公司发行）。

4.《后宫诱逃》

祖宾·梅塔在佛罗伦萨五月音乐节上指挥（TDK 发行）和古斯塔夫·库恩在格林德伯恩歌剧节上指挥（Arthaus Musik 发行）的版本既忠于传统，又延续了良好的品位，演绎得激情十足。

5.《伊多梅纽斯》

目前流传的 3 个版本中，有 2 个录制于格林德伯恩歌剧节，品质最佳。其中一个版本录制于 1974 年，由资深指挥家理查德·刘易斯演绎（Arthaus Musik 出品），另一版本录制于 1983 年（Warner 出品）。

6.《彭特国王米特拉达梯》

除了在里昂拍摄的版本（Euroarts 发行），在科文特花园录制的版本也备受赞誉（Pioneer 发行）。该版本的演员阵容令人振奋，雷厄姆·维克的舞台呈现巧妙而生动，保罗·布朗的舞台布置色彩鲜明。

7.《费加罗的婚礼》

众多版本令人难以抉择。1994 年，《费加罗的婚礼》作为格林德伯恩歌剧院建成后的首次演出登上舞台，芮妮·弗莱明和布莱恩·特菲尔倾情献唱（Warner 出品），该版本仍是很多人的心头好。也有很多观众偏爱由让－皮埃尔·文森特呈现，录制于里昂歌剧院的版本（Arthaus Musik 出品）。伊利娜·哥特巴斯、基莉·迪·卡娜娃和弗雷德利卡·冯·斯塔德的歌迷们可以在 1973 年录制于格林德伯恩歌剧节的版本中看到她们。

让－皮埃尔·彭内尔将这部作品搬上了电影荧幕，该片得到了一批知名歌剧演员加盟，包括赫尔曼·普莱、迪特里希·费舍尔－迪斯考、基莉·迪·卡娜娃等，卡尔·博姆担任指挥，至今仍深受观众的喜爱（德意志唱片公司发行）。

8.《魔笛》

视觉艺术家们为这部作品增光添彩。大卫·霍克尼和阿克谢尔·曼蒂分别将该剧搬上了纽约和路德维希堡的舞台（德意志唱片公司及 Arthaus Musik 出品）。戴维·麦维卡尔在科文特花园打造的舞台大获成功，该版本由一批优秀歌唱家献唱，科林·戴维斯完成了精彩指挥。让－皮埃尔·彭内尔在萨尔斯堡音乐节的呈现已成为音乐节历史的一部分（TDK 出品）。

在尼克劳斯·哈农库特的指挥和维也纳古乐合奏团（演奏第 38 号交响曲"布拉格"）的伴奏下，塞西莉娅·巴托莉献唱了一系列华美的音乐会咏叹调（BBC Opus Arte 出品）。

同样值得一提的还有一版《安魂曲》：卡尔·博姆指挥，昆杜拉·雅诺维茨、克丽斯塔·路德维西、彼得·施耐尔、赫尔曼·普莱献唱，维也纳交响管弦乐团演奏（德意志唱片公司出品）。

萨尔茨堡的莫扎特雕像。

插图目录

016	18 世纪奥格斯堡城市风貌，铜版画，凡得亚 1729 年绘制。
017	《制笛人》，版画，恩格尔布雷希特绘制，奥格斯堡，18 世纪作品。藏于巴黎艺术装饰图书馆。
018	莫扎特在蓬柏杜尔夫人身边，木版画，根据文森特·德·帕莱德斯的绘画创作。
019	《格里姆男爵先生》，卡蒙特勒 1758 年绘制。藏于尚蒂伊孔蒂博物馆。
020~021	《孔蒂王子家的英式下午茶》，奥利维尔 1766 年绘制。藏于巴黎卢浮宫。
022	在巴黎出版的莫扎特钢琴奏鸣曲封面。
023	道泽拉格 1716 年在里昂制作的羽管键琴。藏于里昂装饰艺术博物馆。
024	卡斯帕尔·维奇尼于 18 世纪绘制的一场音乐会细节图。藏于那不勒斯圣马蒂诺博物馆。
026	献给英国王后的 KV 10 ~ KV 15《钢琴和小提琴奏鸣曲》封面，1765 年发表于伦敦。
027 左	年轻的莫扎特在弹奏钢琴。藏于萨尔茨堡莫扎特音乐大学。
027 右	约翰·塞巴斯蒂安·巴赫的儿子约翰·克里斯蒂安·巴赫，托马斯·庚斯博罗 1727 年绘制。藏于博洛尼亚罗西尼学院。
028	沃尔夫冈·阿玛多伊斯·莫扎特，版画，弗朗茨·冯·斯密森创作。

第二章

029	罗马阿拉巴尼宫。
030 上	德国作曲家格奥尔格·弗里德里希·亨德尔（1685—1759），彩色版画，乌尔斯特创作。
030~031	弗瑞森格酒店街景，18 世纪末 19 世纪初水彩画。藏于维也纳博物馆。
031 左上	约翰·塞巴斯蒂安·巴赫的二儿子卡尔·菲利普·埃马努埃尔·巴赫（1714—1788），铜版画，孔纳德·克鲁格 1785—1790 年创作。藏于柏林威尔弗莱德·戈培尔学院。
031 右上	德国作曲家、歌唱家约翰·阿道夫·哈塞，铜版画，祖奇根据罗塔里的绘画创作。
033	《一位年轻音乐家的肖像》（又名《莫扎特肖像》），创作者未知，18 世纪。藏于巴黎卢浮宫。

第五章

第六章

索引

下图为加布里埃尔·巴吉耶，他是一名伟大的法国籍唐·璜的扮演者，他还演唱过勒波莱罗的角色。

上图摄于1954年，图中为塞萨尔·西艾皮，他是一名唐·璜的传奇扮演者。

图片版权

致谢

向下述单位和个人的支持表示感谢：萨尔茨堡莫扎特音乐大学、萨尔茨堡博物馆、安德烈·图博富（André Tubeuf）、阿尼 – 克劳德·梅迪奥尼（Any-Claude Medioni）、纳塔莉·德赛（Nathalie Dessay）、理查德·马尔代（Richard Martet）。